Asset Operation Action under the World Economic Crisis

世界経済危機下の資産運用行動

小藤康夫 著

税務経理協会

はじめに

　2008年9月に起きた米・大手証券リーマン・ブラザーズの破綻をきっかけに全世界が経済危機に陥った。それはまるで1929年10月に発生した大恐慌を彷彿させるものであった。
　リーマン・ショックの影響は米国の金融機関だけにとどまらず，欧州の金融機関にも及び，世界の金融システムが瞬く間に不安定なものになった。本来ならば金融機関による自助努力で立ち直らなければならないが，当時の差し迫った状況から見ればそれはあまりにも無理があった。欧米の政府は経済危機に対する共通の認識を持ちながら大規模な公的資金を迅速に注入し，この難局を乗り越えようとした。
　それに対してわが国の金融機関はリーマン・ショックの影響がほとんどないであろうと思われた。なぜなら，経済危機の元凶であるサブプライムローン関連の金融商品をあまり購入していなかったからである。
　ところが，時間が経つにつれて日本経済に深刻な影響をもたらすことが明らかになった。日経平均株価は急落し，外国為替市場では円高現象が発生したからである。これによりわが国の金融機関は保有資産の価値を大幅に減らし，財務力が著しく劣化していった。
　もちろん，その影響は株式市場や外国為替市場だけでなく，労働市場にも浸透し，非正規雇用の従業員を中心とした大量の解雇が断行されていった。当初は対岸の火事に見えたリーマン・ショックだったが，それは確実にわが国にも飛び火していった。
　本書はそうした米国発の世界経済危機が日本経済に与えた影響を主として金融機関の行動に注目しながら分析したものである。まず，第1章では世界経済危機の本質を明らかにするため，マクロ経済を対象に実物的な側面を扱っている。第2章では金融機関への公的資金を注入するための枠組みとして新たに設けられた改正・金融機能強化法の効果について，そして第3章では中小企業等

の資金繰り悪化を懸念して強引に導入された中小企業等金融円滑化法の意義について分析している。

　政府は不測の事態をできる限り回避するための金融関連の法律を新たに導入したが，残念ながら期待したほどの著しい成果をあげているようには感じられない。それは金融機関や中小企業等による合理的行動から政府による政策効果が打ち消されているからであろう。第2章と第3章ではこれら金融関連の法律とその成果について理論的に分析しながら，政府によるコントロールがなかなかうまく機能しにくいことを明らかにしている。

　世界経済危機は金融機関を直撃したが，機関投資家であるわが国の生保会社にも大打撃をもたらした。そこで，第4章ではサブプライムローンそしてリーマン・ショックの影響をもろに受け，2008年10月に破綻した中堅生保の大和生命について扱っている。生保破綻という悲劇的事例を追いながら，機関投資家によるリスク管理の在り方について触れている。

　最近では資産運用行動に関連して私立大学にも大きな関心が高まっている。すでに米国では年金基金と同様に大学も主要な機関投資家として位置づけられているが，日本でもようやく認識され始めたようである。大学間競争が18歳人口の減少傾向から激しさを増しているうえ，国からの補助金が先細りしているからである。そのため，わが国の私立大学では授業料収入を補う有力な手段として資産運用に力を入れている。

　ところが，リーマン・ショックの発生で多くの金融機関や機関投資家と同じように巨額損失を被る私立大学が続出してしまった。第5章では運用環境が急激に悪化したなかで本来，私立大学が取るべき資産運用行動について分析している。そして，米国の大学を事例にあげながら，わが国の私立大学がどのようなスタイルで資産運用に取り組むべきかが指摘されている。

　第6章は本書の締めくくりであり，世界経済危機「後」の日本経済の姿が描かれている。全体を通して金融機関あるいは機関投資家の資産運用行動がテーマとして扱われているが，この章では世界経済危機が収束した後の日本経済について触れている。

はじめに

　ここでは大量の国債を保有する金融機関の現状に注目し，いまのまま政府が積極的財政から国債を発行し続ければ，民間投資が押しのけられ，いずれ危険な状態に陥る恐れがあることを警告している。

　本書では論理の流れをわかりやすく説明するため，システムダイナミックスのソフトである Powersim Studio 8 を用いている。これを利用することで誰でも図を見るだけで直感的に理解できるうえ，簡単なシミュレーションから政策効果がある程度，予測できる便利さがある。

　レベルを表す正方形の記号とフローを表す太い矢印の記号を組み合わせる単純なモデルなので，眺めるだけで本文の内容がすぐに理解できると思われる。なお，「巻末・付録」ではモデルの利用方法についてバスタブの水量を例にあげながら簡単に説明している。本書を読み始める前に参考にしてほしい。

　政府は日本経済が回復傾向にあることを発表しているが，このことを全面的に信じる人は少ないであろう。ギリシャの巨額な財政赤字が顕在化し，それをきっかけに欧州の主要な国々も同じ問題に苦しむ実態が浮き彫りにされたからである。リーマン・ショックの後遺症とも呼べる新たな世界経済危機が欧州を震源地として発生したのである。

　それは株式市場や外国為替市場を通じて株安・円高を引き起こし，再び日本経済にも深刻な影響を及ぼし始めている。もちろん，経済危機を回避するための様々な打開策が政府によって打ち出されているが，有効な処方箋は限られている。

　だが，解決策が見出されないまま過ぎていくわけにはいかない。金融機関ならびに機関投資家の資産運用行動という限られた領域ではあるが，本書を読むことで微力ながらも日本経済が困難な局面から脱出する一助になればと願っている。

平成22年9月

小藤　康夫

目　次

はじめに

第1章　世界経済危機の本質
－サブプライムローン問題が米国と日本に及ぼした影響－

第1節　米国発の世界経済危機 …………………………………… 3
　(1)　サブプライムローンと金融の証券化 ………………………… 3
　(2)　バブルの発生と崩壊 …………………………………………… 4
　(3)　米欧の金融危機 ………………………………………………… 6
　(4)　バブル崩壊の影響 ……………………………………………… 8

第2節　マクロ経済モデルから見た世界経済危機 ……………… 11
　(1)　マクロ経済の基本モデル ……………………………………… 11
　(2)　米国のマクロ経済モデル ……………………………………… 14
　(3)　日本のマクロ経済モデル ……………………………………… 17

第3節　サブプライムローンの教訓 ……………………………… 21
　(1)　世界経済危機の元凶 …………………………………………… 21
　(2)　市場型間接金融のメリット …………………………………… 22
　(3)　格付会社とサブプライムローン ……………………………… 23

付録1－1　米国のマクロ経済モデル ……………………………… 25
付録1－2　日本のマクロ経済モデル ……………………………… 26

第2章　金融機関への公的資金注入は信用収縮を回避できるか

第1節　新金融機能強化法と慎重な金融機関の貸出行動 …………29
　⑴　貸し渋り・貸し剥がし現象の発生………………………………29
　⑵　公的資金注入の実態………………………………………………30
　⑶　公的資金注入に消極的な理由……………………………………32
第2節　金融機関の貸出行動モデル ……………………………………34
　⑴　景気変動と金融機関の貸出行動…………………………………34
　⑵　金融庁による2種類の貸出対策…………………………………36
第3節　金融庁の介入と金融機関の貸出行動 …………………………39
　⑴　金融庁が一切介入しないケース…………………………………39
　⑵　金融庁が介入するケース…………………………………………42
　⑶　累積損益と金融機関の貸出行動…………………………………45
第4節　公的資金注入の条件 ……………………………………………48
　⑴　金融機関に利益を生み出す仕組み………………………………48
　⑵　補完手段としての貸出政策………………………………………49
付録2－1　金融機関の貸出行動モデル…………………………………51

第3章　中小企業等金融円滑化法が金融機関と日本経済に及ぼす影響

第1節　金融円滑化法とそれに絡む諸問題 ……………………………55
　⑴　リーマン・ショックの影響………………………………………55
　⑵　金融円滑化法の中身………………………………………………56
　⑶　法案が抱えるリスク………………………………………………57
　⑷　厄介な問題──逆選択とモラルハザード………………………58

第2節	金融機関から見たミクロ・モデル ……………………59
(1)	金融機関の貸出行動…………………………………………59
(2)	金融機関の合理的行動………………………………………62
(3)	金融円滑化法が金融機関の財務力に及ぼすマイナスの影響………63

第3節	日本経済から見たマクロ・モデル ……………………65
(1)	マクロ・モデルのフレームワーク…………………………65
(2)	金融円滑化法が日本経済に及ぼすマイナスの影響………67

第4節	金融円滑化法の成果 ……………………………………69
(1)	高い返済猶予の実行率………………………………………69
(2)	認識すべき潜在的リスク……………………………………70

付録3-1　2種類の貸出市場と金融機関の収益構造 ………72
付録3-2　家計と金融機関の合理的行動 …………………73

第4章　大和生命の経営破綻と生保の株式会社化

第1節	大和生命の株式会社化 …………………………………77
(1)	大和生命の経営破綻…………………………………………77
(2)	生保会社の組織形態…………………………………………78

第2節	大和生命の財務分析 ……………………………………80
(1)	ハイリスク・ハイリターンな資産運用……………………80
(2)	大和生命の財務内容…………………………………………82
(3)	保険金・給付金の大幅な削減………………………………84
(4)	組織形態と危険負担の関係…………………………………86

第3節	経営モデルから見た生保会社の行動 …………………88
(1)	株式会社化のメリット………………………………………88
(2)	生保会社の経営モデル………………………………………89
(3)	組織形態ごとの保有契約高と内部留保の動き……………91
(4)	長期的視点から見た株式会社・生保の魅力………………93

第4節　これからの生保会社の姿 …………………………………94
　⑴　勢いづく株式会社化 ………………………………………94
　⑵　必要不可欠なリスク管理体制 ……………………………95
付録4－1　生保会社の経営と外的ショック ……………………97

第5章　世界経済危機が私立大学の資産運用にもたらした教訓

第1節　世界経済危機と私立大学の資産運用 …………………101
　⑴　私立大学が抱えた巨額損失 ………………………………101
　⑵　新しい資産運用体制の構築 ………………………………102
第2節　大学の資産運用モデル …………………………………104
　⑴　日本の私立大学の資産運用モデル ………………………104
　⑵　米国の大学の資産運用モデル ……………………………108
　⑶　ハイリスク・ハイリターンを支える仕組み ……………111
第3節　私立大学の資産運用の現状 ……………………………112
　⑴　多数を占める安全志向の運用姿勢 ………………………112
　⑵　運用利回りと経営指標の相関関係 ………………………115
　⑶　資産運用と財政ならびに経営状態の関係 ………………116
第4節　運用資金としての寄付金 ………………………………118
付録5－1　日本の私立大学の資産運用モデル …………………119
付録5－2　米国の大学の資産運用モデル ………………………120

第6章　世界経済危機「後」の日本経済

第1節　財政赤字に苦しむ欧州経済 ……………………………123
　⑴　ギリシャの財政危機 ………………………………………123
　⑵　PIIGSの財政危機 …………………………………………124

目　次

第2節　日本が抱える経済問題 ……………………………………125
　(1)　日本の財政赤字 ………………………………………………125
　(2)　リーマン・ショック後の日本経済 …………………………126
　(3)　積極的財政政策と外需増大 …………………………………128
第3節　財政赤字とデフレに直面した日本経済の構造 …………130
　(1)　国債残高の累積と金融機関の押しのけ効果 ………………130
　(2)　外需依存の構造とデフレ現象 ………………………………132
　(3)　需給ギャップと所得水準の変動 ……………………………134
第4節　伝統的経済政策の限界 ……………………………………135
　(1)　政府支出と外需に依存した日本経済 ………………………135
　(2)　モデル分析を通じた政策効果 ………………………………137
　(3)　厳しい局面に立たされた日本経済 …………………………139
第5節　世界経済危機を超えて ……………………………………141
付録6−1　財政赤字とデフレに直面した日本経済の構造 ………142

巻末付録　システムダイナミックス・モデルの簡単な解説 ……143

参考文献 ……………………………………………………………147

索　引 ………………………………………………………………151

第1章

世界経済危機の本質
－サブプライムローン問題が米国と日本に及ぼした影響－

第1節　米国発の世界経済危機

(1) サブプライムローンと金融の証券化

　米国を出発点とするショッキングな経済危機が2008年秋に起き，世界中の人々に経済的な大打撃をもたらした。その元凶は「サブプライムローン」と呼ばれる信用力の低い個人向け住宅融資が全米レベルで積極的に展開されたことにあったといわれる。このことは多くの人々が認める事実である。

　所得のない人（No Income）にも，仕事のない人（No Job）にも，また資産のない人（No Asset）にも融資したことから，別名，頭文字をつなげてNINJA（ニンジャ）ローンとも呼ばれていた。この呼び名からもサブプライムローンがいかに特殊なローンであったかが推測できる。

　しかも，当時の住宅融資はひとつのタイプだけにとどまらず，いくつもの特殊なローンも組み合わさって販売されていた。例えば，「インタレスト・オンリー・ローン」は最初の5年から10年までは利息だけを支払えばよい融資であり，さらに「変動金利型ローン・オプション付き」（オプションARM）にいたっては最初に利息を支払わなくても済むため，元本は減るどころか増えていった。また，こうした融資は銀行だけが扱ったのではなく，ゼネラル・モーターズ（GM）の金融子会社GMACのようなノンバンクも積極的に参入していった。

　特殊なローンが次々と開発され，瞬く間に拡大していったが，それを支えるシステム基盤が「金融の証券化」であった。サブプライムローンといった特殊な融資を行えば，金融機関はもろに信用リスクを請け負うことになる。融資が焦げ付けば，そのまま損失を被ってしまう。だが，金融の証券化を利用すればリスクを広く薄く分配できるため，積極的に融資の拡大に向かっていくことができた。

　情報技術（IT）や金融工学の進歩から誕生した金融の証券化は金融機関のリスク管理技術の進歩とともに高度に発達し，証券がさらに証券を生み出す重層化も進んでいった。その結果，サブプライムローンをまとめて証券化した

RMBS（不動産ローン担保証券）のほか，サブプライムローンの証券化商品をまとめて証券化したＣＤＯ（合成債務担保証券）といった複雑な金融商品も次々と生み出されていった。しかも，全米だけでなく全世界の投資家に販売されていった。

　これにより金融機関は多くの投資家に信用リスクを分散化させ，リスクをほとんど負わずに済むため，本来の機能から逸脱し，十分な審査をせずに融資を行うことができた。

　また，格付会社による高い評価もサブプライムローンを拡大させる要因のひとつになった。証券化商品は高度な金融工学と情報技術の進歩を背景に開発されているので，金融のプロと呼ばれている者でも中身が見えにくいため，なかなか理解しにくい。

　ところが，格付会社がそれぞれの金融商品を最上級のトリプルＡ，あるいはダブルＡとして評価していたので，投資家たちは安心して購入していったのである。当然のことながら，後に格付会社は甘い評価を下していたとして猛烈に批判されることになった。

(2) バブルの発生と崩壊

　金融機関が信用リスクについて十二分に考えなくなれば，自然と利益を求めて積極的融資に転じていくであろう。そこから生じるのは，言うまでもなく，住宅バブルの発生である。住宅融資が高まれば，土地を求めることから地価の上昇傾向が強まる。それが連続的に起きれば，次第に人々の間で地価がいつまでも上昇し続けると予想し始める。

　米国では実際に住宅バブルが発生し，購入した住宅の価格が上昇し続けた。しかも人々は住宅を担保にしたホーム・エクイティ・ローンを利用し，住宅以外の投資や消費を拡大させていった。これにより米国経済は好景気を享受したのである。

　このように見ていくと，金融機関がサブプライムローンという特殊な住宅融資を低所得者に向けて推し進め，そこから生じる信用リスクを金融の証券化か

ら幅広い投資家に分散化できたため，景気の拡大をもたらしたことが確認できる。

　その一方で，1990年頃から地価の上昇が顕在化し，そのこともサブプライムローンを積極的に活用する人たちを増やしていった。いわゆる「土地神話」の発生であり，地価は値下がりせず，上昇し続けるという根拠のない思い込みである。

　土地神話は住宅を購入する個人だけでなく，融資を実行する金融機関や証券化商品を購入する多くの投資家にも浸透したため，地価は加速度的に上昇していった。それは住宅の購入をさらに促進させ，金融機関や投資家を刺激させるという経済活動にとって正のスパイラルを生み出していった。

　当時，住宅建設はマクロ経済にとって刺激要因であったことは言うまでもないが，そのなかで「ディドロ効果」も発生し，住宅の購入とともに関連する様々な商品も売れていった。

　ディドロ効果とは18世紀のフランスの思想家 Denis Diderot が知人から贈られた高級なガウンを身につけ，それに合わせるように家の備品を次々に買い替えていったことから，そう呼ばれている。まさに，当時の米国は住宅購入をきっかけに消費意欲が高まり，電化製品をはじめとして様々な商品を連鎖的に購入していった。

　消費活動が高まったのは住宅購入に関連した消費意欲が影響していたのは事実であるが，それを経済面から支えた要因は資産効果であった。いくら購買意欲があっても実際に購入する資金の裏付けがなければ絵に描いた餅に過ぎないからである。

　当時の米国は地価が上昇することで，個人が手に入れた住宅の価格も上昇し，そのことが資産効果として消費を促していったのである。もちろん，消費の拡大は住宅の購入と同様に総需要を拡大させるので，景気はさらに上昇していくことになる。

　また，金融機関にとって地価の上昇は融資先の担保価値の上昇を意味するので，それだけで信用リスクの減少につながる。たとえ借手が十分なキャッシュ

を得られないことから返済が難しくなっても，担保物件を売却すれば十分に融資額を回収できるからである。

　そうした背景があったからこそ，サブプライムローンという従来の金融機関ではなかなか考えられない難しい融資が実行され，さらにインタレスト・オンリー・ローンやオプションＡＲＭといった特殊な融資も生み出されていったのである。

　だが，こうした経済の好循環はいつまでも続かなかった。それを支える大前提の土地神話が崩れ始めたからである。誰の目から見てもバブルの崩壊が明らかになったのが，2007年である。地価の下落をきっかけに大量の住宅融資の焦げ付きが始まり，いままで住宅バブルを背景に右肩上がりの上昇を続けてきた株価は反落してしまったのである。

　しかも，サブプライムローン関連の証券化商品も大幅に下落したため，大量に購入していた米欧のヘッジファンドや大手金融機関は瞬く間に巨額損失を抱え込んでしまった。世界経済危機の始まりである。米国のサブプライムローンがバブル崩壊により金融危機を生み出し，一気に世界へ負の連鎖を引き起こすことになったのである。

(3) 米欧の金融危機

　金融危機が表面化したのは，米・大手証券会社ベアー・スターンズ傘下のファンドが運用に失敗した2007年6月頃であろう。その影響は金融機関を中心に浸透し，本格的な金融危機が訪れたのは2008年であった。米国の主要な金融機関が次々に大打撃を受けたからである。

　そのなかで2008年3月にＪＰモルガン・チェースは経営危機に陥っていたベアー・スターンズを救済買収した。大手証券会社の危機はバブル崩壊を決定づける事件でもあり，人々の経済への不安は高まっていった。さらに同年9月には米・住宅公社である連邦住宅貸付抵当公社（フレディマック）と連邦住宅抵当公社（ファニーメイ）が経営危機に陥り，政府管理下に置かれることになった。

　これだけでも金融危機の深刻さが伺えるが，本格的な危機の訪れを誰もが認

第1章　世界経済危機の本質

識したのは同年9月に起きた米・大手証券会社リーマン・ブラザーズの破綻であった。ベアー・スターンズの場合は買収により救済されたが，それからたった数か月しか経っていなかったにもかかわらず，リーマン・ブラザーズはすでに救済される余地も残っていなかったのである。

　158年の長い歴史を持つリーマン・ブラザーズの破綻はウォール街に大きな衝撃を与えたが，金融機関の経営危機はそれだけにとどまらず，大手証券のメリルリンチが大手銀行のバンク・オブ・アメリカによって救済合併され，大手保険会社のAIGは資金繰りの悪化から経営危機が一気に表面化した。

　こうした金融危機に直面した米国政府は同年10月に最大7,000億ドル（約74兆円）の枠組みを設定した金融安定化法を議会で通過させ，大手銀行を中心に公的資金を一斉に注入した。財務内容の悪化から信用収縮が起きていたので，それを緩和させるために必要な措置であった。具体的には米国を代表する主要な9つの金融機関に向けて優先株の購入を通して1,250億ドルの資金が先行注入されていった。

　ここでいう主要な9つの金融機関とはJPモルガン・チェース，シティグループ，バンク・オブ・アメリカ，ゴールドマン・サックス，モルガン・スタンレー，ウェルズ・ファーゴ，バンク・オブ・ニューヨーク・メロン，ステートストリート，メリルリンチである。

　それでも危機は収まらず，2009年2月には大手銀行のシティグループが事実上の政府管理下に置かれ，AIGに至っては4回も金融支援が行われたうえ，政府の管理下に置かれることになった。

　米・最大手保険会社のAIGがこれほどまでに経営が悪化したのは証券化商品の損失よりも，むしろクレジット・デフォルト・スワップ（CDS）であろう。CDSとは企業の倒産リスクを扱った金融派生商品であり，保証料の見返りに企業が倒産した時に元本を支払う仕組みである。企業が順調な活動を展開していれば保証料だけが入ることになる。

　ところが，金融不安から経済環境が激変したため，AIGは多くの保証契約を履行せざるを得なくなり，経営危機が一気に表面化した。ヒトやモノを対象

にした伝統的な保障業務とまったく違った金融ビジネスを展開していたＡＩＧは，損失の拡大から独自で再生するのが難しくなったのである。

　こうした金融機関の経営危機は大津波となって欧州にも波及し，2007年8月には仏・ＢＮＰパリバ傘下の3ファンドが運用の急激な悪化から解約を凍結し，パリバショックとして欧州の金融危機が全世界に伝えられた。

　さらに英国では同年9月に中堅銀行のノーザンロックに取り付け騒動が発生し，同年10月から11月にはスイスのＵＢＳ，クレディスイス，仏・ＢＮＰパリバ，英・ＨＳＢＣ，英・バークレイズなどが巨額の損失を発表している。

　2008年2月には英・ノーザンロックが国有化され，同年9月にはオランダ・ベルギーの大手金融会社フォルティスが資本の増強を発表し，仏・ベルギーの大手金融会社デクシアに公的資金が注入されている。また同年10月にはドイツは銀行預金の全額保護を発表している。保護の流れはオーストリアやデンマークにまで拡大していった。さらに2009年3月には英・ロイズに対して実質国有化が行われている。

　欧州においても米国と同様に金融機関の経営が一気に悪化し，金融危機が連鎖的に発生した。これは金融機関が米国のサブプライムローンから派生した証券化商品を中心に大量に購入していたからである。そのため，金融危機の大津波はほとんど時間を掛けずに米国から欧州へ伝播していったのである。

(4)　バブル崩壊の影響

　好景気を持続していた米国経済もバブルが崩壊することで，いままでとまったく違った局面に立たされてしまった。バブル崩壊から返済不能に陥った借手が溢れ，金融機関は大量の不良債権を抱えたのである。しかも，不良債権だけでなく，証券化商品も大幅に下落したため，財務力が急激に低下し，融資に対して慎重にならざるを得なくなった。

　その結果，貸し渋りや貸し剥がしが横行し，信用収縮という恐怖がマクロ経済全体を瞬く間に襲った。それは単に住宅融資だけでなく民間の設備投資も抑えたため，景気は好況から不況の局面に向かって崩れ落ちていったのである。

第1章 世界経済危機の本質

　それと同時に，いままで好景気を支えてきた消費の拡大も資産価値の減少から逆資産効果が作用し，消費を減退させる方向に動いていった。このことも景気を悪化させる要因として働いた。バブル期には住宅建設に伴って関連商品が飛ぶように売れていたが，バブル崩壊とともに流れは逆転し，消費は急激に落ち込んでしまったのである。

　こうしてバブル崩壊は米国経済に深刻なダメージをもたらした。しかも，それは米国だけにとどまらず，欧州をはじめとする全世界の国々にも負の連鎖をもたらし，「100年に1度の経済危機」と叫ばれるようになった。

　図表1-1は米国のニューヨークダウ平均株価の推移を描いたものである。この図を見るとわかるように，2007年8月頃からサブプライムローン問題の影響から株価が下落傾向を辿っている。そして，2008年9月にリーマン・ショックが起きると，株価の落ち込みがさらに激しさを増している。こうした動きからも米国のバブル崩壊の大きさが確認できると思われる。

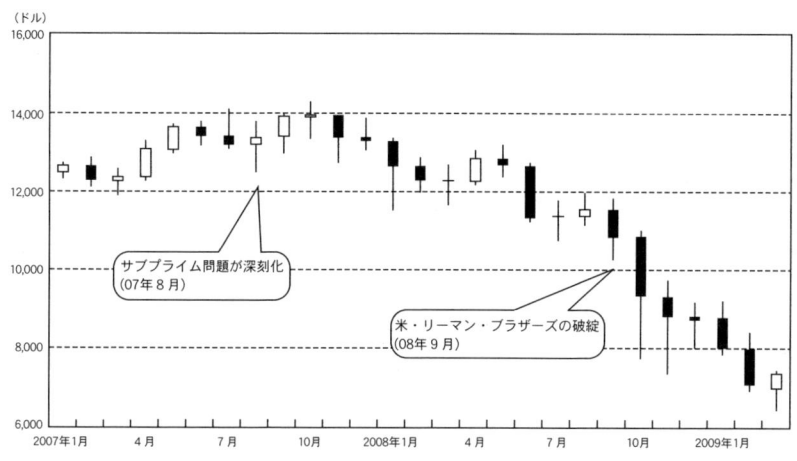

図表1-1　ニューヨークダウ平均株価（月足）の推移

　それに対して，**図表1-2**はわが国の日経平均株価を見たものであり，ほぼニューヨークダウ平均株価と同じ動きを展開し，2007年秋頃から下落傾向を辿りながら，2008年9月のリーマン・ショック以降，大きく下落している。わが国の経済も他の国々と同様に米国発の経済危機の影響をもろに受けていること

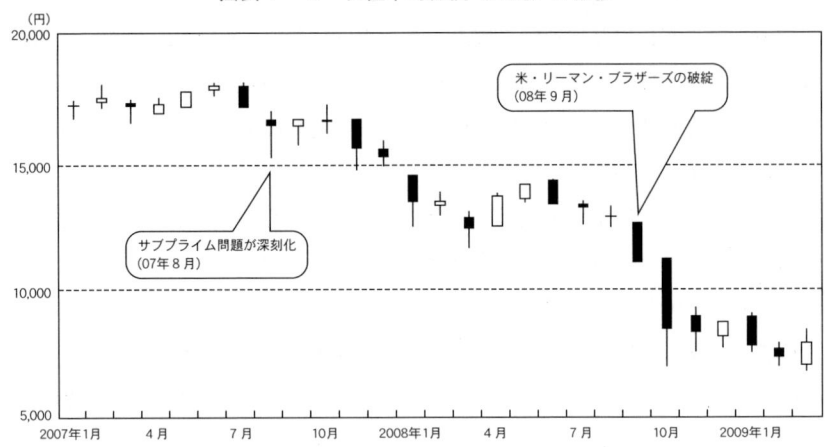

図表1-2　日経平均株価（月足）の推移

（グラフ内注記）
- サブプライム問題が深刻化（07年8月）
- 米・リーマン・ブラザーズの破綻（08年9月）

が確認できる。

　当初、日本の金融機関は米欧の金融機関と違ってサブプライムローン関連の証券化商品をそれほど購入していなかったので、相対的に財務力は安定していると思われた。ところが、株価下落による有価証券の損失拡大から健全性が損なわれてしまった。日本独特の株式の相互持合いが影響したためである。財務内容が脆弱な金融機関のなかには貸し渋りを行うところも現れ、とりわけ中小企業向け融資がそのターゲットとされた。

　また、機関投資家である生保会社も大打撃を受け、中堅生保の大和生命が2008年10月に破綻した。2001年3月に東京生命が破綻したが、それに続く戦後8番目の生保破綻である。大和生命の場合、有価証券の損失が急激に膨れたため、経営が維持できなくなったのである。

　だが、米国のバブル崩壊がわが国の経済に与えた影響はそのような金融機関の財務力よりも輸出企業のほうが大きかったかもしれない。なぜなら、自動車や電機といったわが国を代表する輸出産業は米国のバブルに依存して業績を伸ばしていたからである。

　すなわち、米国はバブルの発生から消費が拡大し、その対象に日本の輸出品が選ばれていたのである。まさにバブルから派生した米国の資産効果が日本経

済を支える構図ができ上がっていた。そのことは逆にとらえれば，米国経済が反転すれば日本経済もその影響をもろに受けることを意味していた。

そのため，米国がバブル崩壊すると，日本の輸出産業は大打撃を受け，そのことは非正規雇用者を中心にした大量の解雇につながり，多くの失業者を生み出していった。また失業に至らなくても全体的に給与所得が下がり，消費水準をさらに下げるという悪循環を引き起こしていった。

わが国の大手金融機関は米欧の金融機関に比べてサブプライムローン問題の影響が小さいと言われながらも，日経平均株価の下落率は世界のなかで一番大きかった。具体的に数字で見ると，2008年8月には日経平均株価が18,000円台であったのに対して，2009年3月には7,000円台にまで急激に落ち込んでいる。

不思議なように見えるかもしれないが，わが国の場合，金融機関の財務内容よりもむしろ外需に依存した特殊な経済構造が株式市場で悪材料としてとらえられたからである。そのため，下落率がかなり大きくなったのである。

第2節　マクロ経済モデルから見た世界経済危機

いままで米国のサブプライムローン問題に端を発した世界経済危機について，その姿を追ってきたが，今度はいままで説明してきたことをシステムダイナミックス・モデルのソフトである Powersim Studio 8 を用いて理論的に整理していきたい。これにより金融危機が実体経済に及ぼすメカニズムが明らかにされると思われる。

最初にマクロ経済の基本モデルから説明し，それに基づきながら米国と日本の経済モデルを構築する。これによりサブプライムローン問題が両国にどのような影響をもたらしたかを示すことができる。

(1)　マクロ経済の基本モデル

まず，図表1-3で描かれた「マクロ経済の基本モデル」から見ていくことにしよう。このモデルは (株) バーシティウエーブ (1997) が Scarfe の著書

図表1－3　マクロ経済の基本モデル

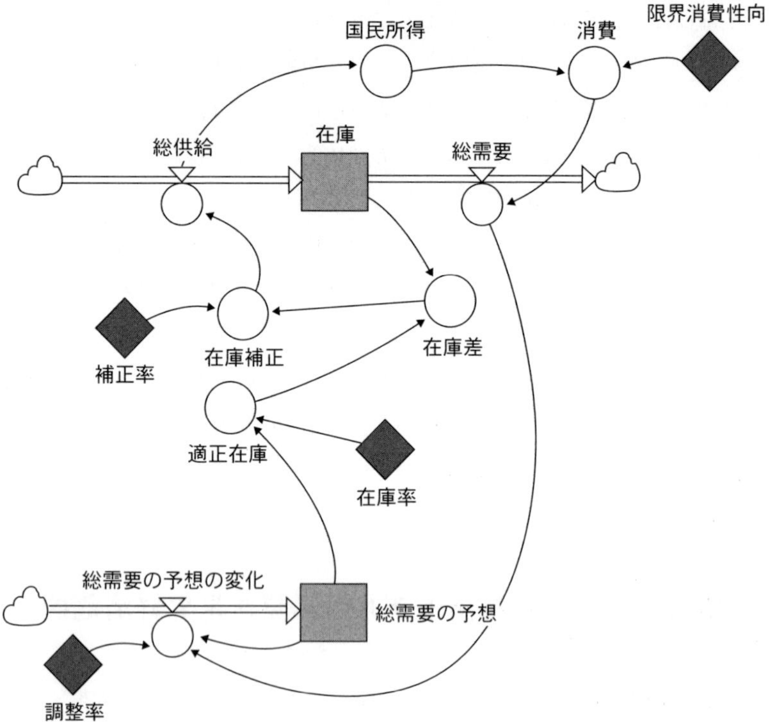

（*Cycle, Growth, and Inflation：A Survey of Contemporary Macrodynamics*, 1977）から，国民所得というフローの概念と在庫というレベルの概念を組み合わせながら，景気変動のモデルを作成したものである。ここでいうレベルとは通常の経済用語であるストックとまったく同じ内容である。

　もともと景気変動を表現するには複雑で難解な微分方程式を利用する必要があった。そのため，数式の訓練を受けてからでないと，景気変動の分析が難しかった。だが，Powersim Studio 8 と呼ばれるシステムダイナミックスのソフトを使えば，パイプのような矢印の記号で表記された「フロー」と，四角形で表記された「レベル」をつなぎ合わせるだけで，誰でも簡単に表現できる。フローには流入と流出があり，それがレベルに結びつくことで，あらゆる変数の

第1章　世界経済危機の本質

動きを描くことができる。

　まず，この基本モデルでは「**総供給**」が在庫に流入し，「**総需要**」が在庫から流出することで，その残高である「**在庫**」がレベルとして描かれている。総供給はそのまま「**国民所得**」を形成し，「**消費**」はこの所得に「**限界消費性向**」を掛けることで決定される。ただし，限界消費性向は短期的に変動する性格のものではないので，定数として扱われている。

　こうして決定づけられた消費は総需要を形成する。もちろん，消費は総需要を構成する主要な要因であるが，それだけで総需要が成り立っているわけではない。民間投資や政府支出，あるいは輸出といった諸要因も加えなければならない。しかし，ここでは極めて単純な基本モデルを紹介するだけにとどめているので，これらの要因は無視している。次に展開する米国と日本のマクロ経済モデルのなかで加えていくことにしたい。

　ところで，総供給は企業が適正な在庫を求めていく過程から生み出されるものである。企業は総需要を予想し，それに見合った在庫を求めるなかで総供給を決定づけていく。このモデルではその調整過程が図の下のほうで描かれている。

　具体的に見ていくと，総需要に対して「**調整率**」から「**総需要の予想の変化**」が決定づけられ，それがレベル変数である「**総需要の予想**」に流入する。「**適正在庫**」はこの総需要の予測と「**在庫率**」から定まり，在庫と適正在庫から「**在庫差**」が発生する。これに「**補正率**」を掛けることで「**在庫補正**」が決定づけられ，その数値が総供給に流入し，再び，国民所得と在庫を決定づけていく。

　こうした循環を無限に繰り返すことで，それぞれの変数が決定づけられていく。一般にマクロ経済モデルの特徴は総需要の変動がきっかけとなって，国民所得を決定づける構造にある。この基本モデルでは総需要を形成しているのは消費だけであり，しかも，受動的に決定づけられているため，総需要を外生的に決定づけるものはないことになる。

　だが，実際に総需要を構成するのは消費のほかに，民間投資や政府支出，そ

して輸出などがあげられる。これらの要因が外部から与えられることで，総需要は増えたり，あるいは減ったりし，国民所得が最終的に決定づけられる。

米国でサブプライムローンをきっかけに景気が急激に拡大したのも，またその反動から米国だけでなく世界の国々にも深刻な悪影響をもたらしたのも，こうした総需要を構成する諸要因の変化に求めることができる。

そこで，早速，米国と日本を対象にしながら世界経済危機に至った過程を総需要に注目しながら見ていきたい。そのためにはマクロ経済の基本モデルを拡張し，総需要に影響を与える諸要因を加えていかなければならない。

(2) 米国のマクロ経済モデル

米国経済はサブプライムローンの利用が広がることで，バブルが発生し，そして崩壊に向かっていった。その過程を描いていくことにしよう。**図表１－４**は総需要に影響を与える要因として消費のほかに住宅投資を加え，バブルの発生と崩壊のメカニズムを示したものである。

米国では住宅投資が盛んに行われ，銀行融資がそれを強引に後押しした結果，バブルが生み出されてしまった。そして，ある一定の時間が経過した後，銀行は住宅投資に対して慎重な姿勢を取り，人々の希望する住宅投資が抑えられたため，バブルは崩壊していった。そうしたメカニズムをモデルから追っていくことにしよう。

最初に「**住宅投資**」が「**銀行融資**」のもとで積極的に推し進められることから，地価が上昇する。それと同時に住宅投資に関連して派生した証券化商品の価値も上昇する。「**バブル発生**」である。

そのことは「**資産価値の増加**」となってレベル変数である「**資産価値**」を膨らませていく。ここでは不動産といった実物資産だけでなく，金融工学から生み出された証券化商品も含めて資産価値が増殖していくプロセスを表現していることになる。

米国ではそれだけで終わらず，資産価値の増大が消費の拡大につながっていった。ここでは「**資産効果**」を通して「**消費**」に影響を及ぼすルートが明示

第1章　世界経済危機の本質

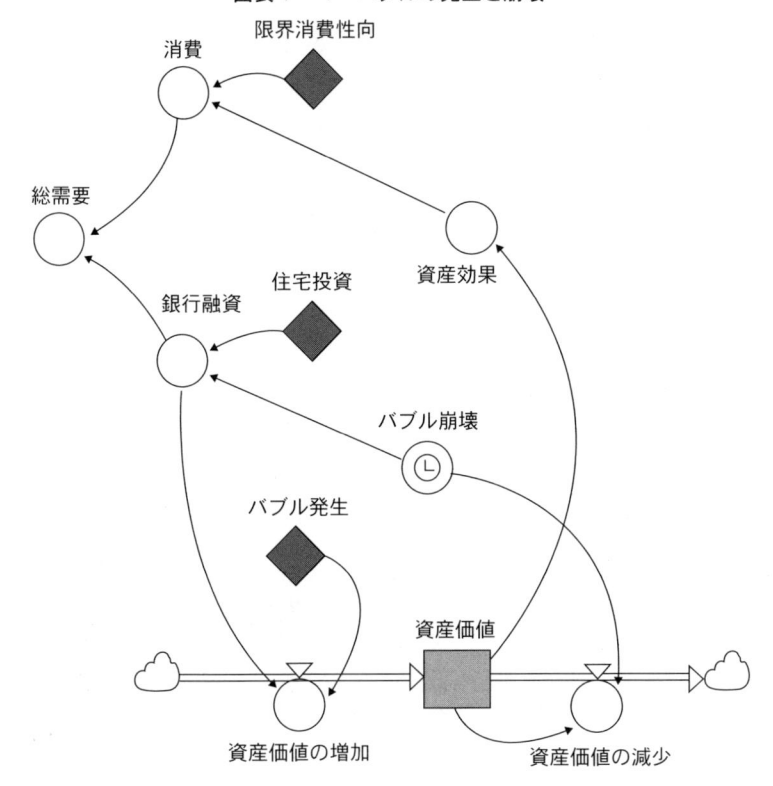

図表1－4　バブルの発生と崩壊

されている。もちろん，消費の拡大は総需要につながり，また融資に支えられた住宅投資も総需要につながっていく。したがって，資産効果ならびに住宅投資という2つの要因が新たに「**総需要**」を拡大させていくことになる。

ところが，ある一定の時間が経過すると，バブルは弾け，いままでの好循環のプロセスとはまったく正反対の方向へ進んでいく。バブル崩壊の始まりである。このモデルでは「**バブル崩壊**」として銀行融資を抑え，実質的に住宅投資を抑えることになる。

この場合，資産価値は「**資産価値の減少**」を通して流出するため，数値が減り続けることになる。資産価値の減少はいままでと異なり，逆資産効果が作用するので，消費は落ち込み，総需要を減少させる。また，バブル崩壊は銀行融

資も抑えるため住宅投資の落ち込みから総需要を縮小させる。

こうして住宅投資をきっかけにバブルが発生し，それはやがて弾けていく。**図表 1 − 5** は**図表 1 − 3** と**図表 1 − 4** を合わせたものであり，これによりバブルの発生と崩壊によって総需要が変化し，そして総供給に対して影響を及ぼすメカニズムが把握できると思われる。

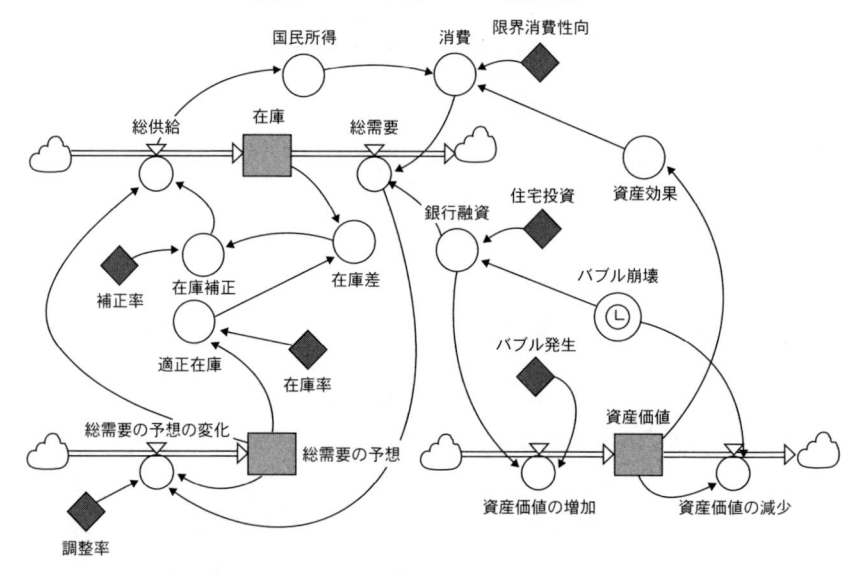

図表 1 − 5　米国のマクロ経済モデル

そこで，米国のマクロ経済モデルの全体像がわかったところで，今度はシミュレーションを通してバブルの発生と崩壊の姿を描いていくことにしよう。なお，ここで設定したそれぞれの変数は**「付録 1 − 1」**にまとめられている。そこに具体的な数値や変数の性質が紹介されている。

まず，国民所得と資産効果の動きから見ていこう。**図表 1 − 6** はそれらの数値を 0 期から500期にわたって整理したものである。国民所得は100から出発し，バブルの影響から急激に上昇している。しかし，100期になると，バブルが崩壊するため，この期間を境にして国民所得は急減し，最終的には初期水準の100を下回り，75に収束している。

第 1 章 世界経済危機の本質

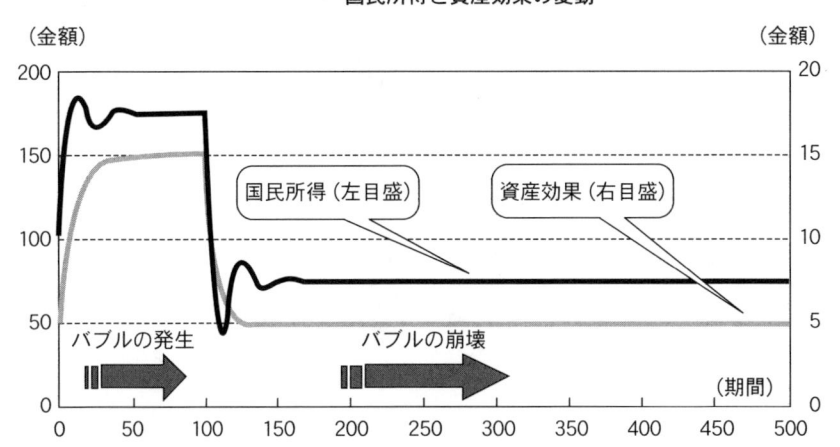

図表 1 − 6　米国経済をイメージしたシミュレーション
　　　　　−国民所得と資産効果の変動−

国民所得（左目盛）　資産効果（右目盛）

バブルの発生　　バブルの崩壊

（期間）

　こうした国民所得の変動は資産効果の影響が大きい。なぜなら，国民所得と資産効果を比較すればわかるように，ほぼ同じ動きを展開しているからである。バブルの発生とともに資産価値が増大し，その影響を受けて国民所得も増大している。そして，バブルが崩壊すると，いままで景気に対して刺激的であった資産効果は逆に作用し，国民所得そのものを引き下げる方向へ導いている。

　米国のバブルは住宅投資を後押しするように銀行が積極的に融資したことがきっかけで発生したが，それと同時に資産効果もバブルを押し上げる有力な要因として作用していた。もちろん，バブルが崩壊すれば，まったく対照的に逆資産効果が作用し，マクロ経済を収縮させていった。

　したがって，ここで展開したシミュレーションから資産効果が米国のバブルの発生と崩壊，そして景気変動のうねりに深く関わっていることが確認できると思われる。

(3)　日本のマクロ経済モデル

　次に米国発の世界経済危機がわが国に与えた影響をモデル化してみよう。**図表 1 − 7** はそのために描かれたものであり，次に示すような総需要に及ぼす 3

図表1－7　総需要に及ぼす3種類の効果

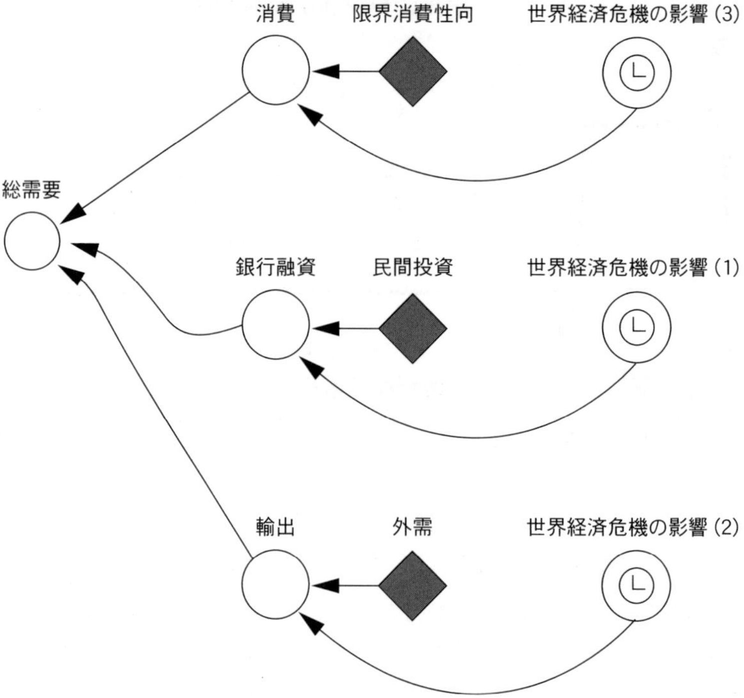

種類の効果を通してわが国の経済に危機が伝播されていく。

　ひとつは「**銀行融資**」に対する効果である。「**世界経済危機の影響(1)**」から不良債権だけでなく，銀行が保有する有価証券の価値も急速に減少し，財務力が弱まったことから，銀行は「**民間投資**」の要求に応えられなくなった。ここではそのような状況から生じた貸し渋りあるいは貸し剥がし現象を表している。

　2つ目はわが国の「**輸出**」に与える効果である。米国でバブルが崩壊し，逆資産効果が作用したが，それは米国だけにとどまらず，わが国の輸出産業に対しても大打撃をもたらし，いままで米国の人々が購入していたわが国の自動車や電機などが売れなくなってしまった。このモデルでは「**外需**」が「**世界経済危機の影響(2)**」をもろに受けることで，輸出が減少する効果を表現している。

　3つ目は「**消費**」に与える効果である。「**世界経済危機の影響(3)**」から個人

第1章 世界経済危機の本質

の「**限界消費性向**」が下がる恐れがある。通常は一定と想定されているが，外的ショックの影響から変化することが考えられる。そうすると，所得水準に対していままで以上に消費は低迷することになる。

なお，先ほどの米国のマクロ経済モデルでは資産効果が消費に大きな影響力を持っていたが，ここでは無視している。実際，わが国では人々の間で資産効果が作用するほどの現象が見られていないからである。

このようにして米国のバブル崩壊は3種類のルートを通してわが国に影響をもたらしていく。**図表1－8**は**図表1－3**のマクロ経済の基本モデルに，**図表1－7**の総需要に影響を及ぼす3種類のルートを加えたものである。これにより日本のマクロ経済モデルが表現されたことになる。

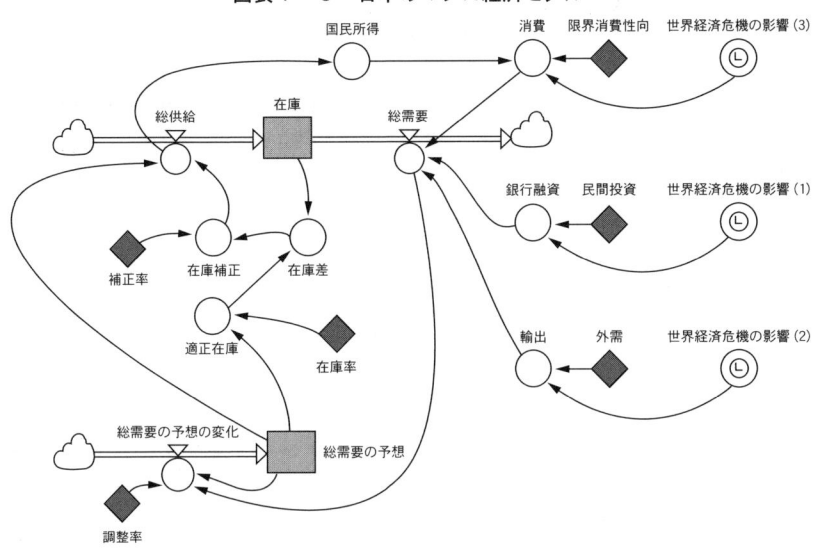

図表1－8　日本のマクロ経済モデル

注目しなければならない点は米国のバブル崩壊が日本の実体経済に浸透するのに時間のズレが生じていることである。ここでは100期目に銀行融資への効果が発生し，200期目に輸出が減少し，そして300期目に消費に影響をもたらすと想定している。

すなわち，世界経済危機がはじめに金融機関へ大打撃を与え，その後，時間

を掛けて実体経済にも悪影響をもたらしていく姿をこのモデルに組み込んでいるのである。

「付録1－2」では，そうしたモデルの具体的な姿を決定づける方程式の特徴がまとめられている。それに従ってシミュレーションした結果が**図表1－9**であり，世界経済危機がわが国の国民所得に対していかなる影響をもたらしているかを示している。

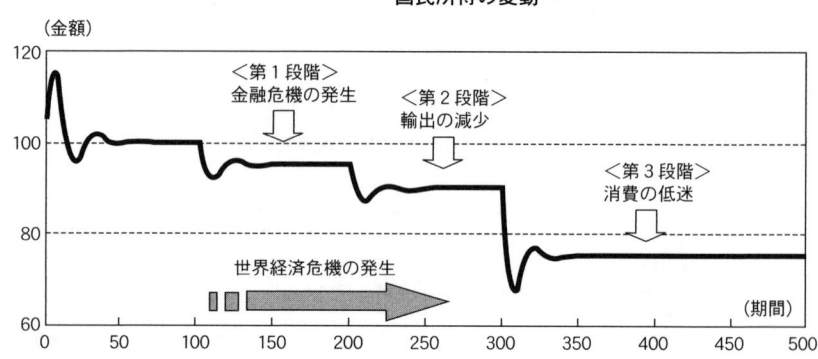

図表1－9　日本経済をイメージしたシミュレーション
－国民所得の変動－

これを見ると，100期から所得水準が低下している。これは銀行融資の影響であり，財務力が弱まった金融機関が貸し渋りあるいは貸し剥がしを行うために経済が低迷する状態を表している。

それだけで終わらず，200期から輸出の落ち込みが発生し，そのことが実体経済を直撃し，所得水準をさらに下げている。そして，300期から人々の消費を抑える効果が作用し，いままで以上に所得水準を大幅に引き下げている。

このように米国発の世界経済危機が深刻な悪影響をもたらしたのは，第1段階の金融危機にとどまらず，第2段階そして第3段階の効果が作用し，輸出や消費を減退させたからである。したがって，時間が経過するにつれて経済が悪化していくのは単に金融危機だけで終わるのではなく，実体経済にも浸透していくためである。

第3節　サブプライムローンの教訓

(1) 世界経済危機の元凶

　世界経済危機が発生した原因はいままで見てきたようにサブプライムローンにある。この特殊な融資を後押ししたのが高度な金融工学から生み出された金融の証券化である。したがって，米国発の世界経済危機を批判する場合，サブプライムローンと金融の証券化を一括りにして，両者を犯人扱いする傾向が強い。

　言うまでもなく，サブプライムローンは真っ先に批判されるべきである。融資の基本は審査（スクリーニング）と監視（モニタリング）にあり，融資先の内容を十分に調べることで資金を確実に回収するように努めなければならない。そのためには金融機関に情報収集能力そして分析能力が要求される。

　ところが，サブプライムローンはニンジャローンのほかに「収入なしローン」あるいは「書類なしローン」とも呼ばれていたことからもわかるように，融資の基本からまったく掛け離れたものであった。

　当時の米国では地価が右肩上がりを続ける土地神話を大前提にしながら融資を実行していたため，銀行をはじめとする金融機関は十分な審査や監視をしなくてもよいと考えていたのである。地価の値上がりが続けば，たとえ融資が焦げ付いたとしても担保を売却することで，資金が確実に回収できると考えられていたからである。

　だが，いつまでも地価の上昇を前提にした金融ビジネスを続けていくのは，やはり無理がある。土地神話はあくまでも思い込みに過ぎない。実際，土地バブルは崩壊し，サブプライムローンは行き詰まってしまった。したがって，サブプライムローンは杜撰な融資であり，批判されるべきである。

　一方，サブプライムローンは金融の証券化を活用し，ローンを担保にした大量の証券化商品が世界の金融機関や機関投資家に販売されていった。ところが，バブル崩壊により証券化商品の価値は大幅に下落し，それを保有する金融機関

の財務内容が一気に悪化し，金融危機を引き起こしてしまった。そのため，金融の証券化を罪悪視する傾向が根強い。

(2) 市場型間接金融のメリット

確かに金融機関が大幅に値下がりした証券化商品を大量に抱え，経営危機に至るほど大量の損失を発生させたのは事実である。しかし，冷静に考えればわかるように，金融の証券化という仕組みそのものは否定されるべきではないだろう。なぜなら，従来の銀行を中心とする間接金融よりも証券化による市場型間接金融のほうがリスクを分散化できるという点で極めて優れた制度であるからだ。

図表1－10は間接金融と市場型間接金融の仕組みを図示したものである。これを見るとわかるように伝統的な間接金融は銀行が預金者から受け取った資金を借手に流し，それを回収する。わが国の金融システムは「貯蓄（間接金融）から投資（直接金融）へ」が叫ばれながらも，依然として銀行を中心とした間接金融が主流である。

図表1－10　間接金融と市場型間接金融

＜間接金融＞

借手　←　銀行等　←　預金者

＜市場型間接金融＞

借手　←　銀行等　←　証券化　←　投資家

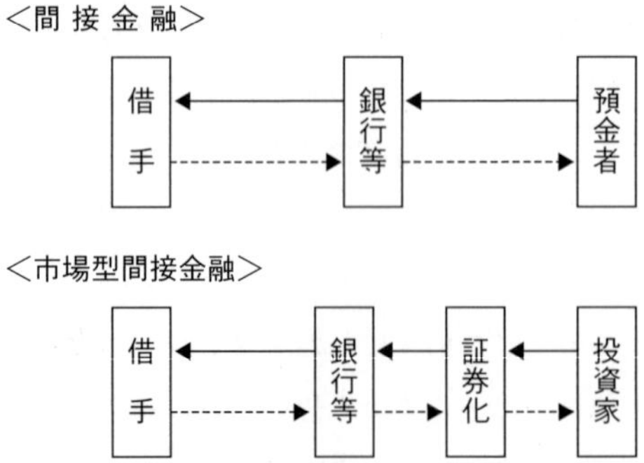

それに対して市場型間接金融は間接金融と直接金融の中間に位置する資金の流れを意味する。銀行が借手に融資を行うという点では従来の間接金融とまったく同じスタイルであるが，資金の回収方法が異なっている。つまり，預金者から資金を回収するのではなく，担保から派生した証券化商品を投資家に販売

することで資金を回収するのである。

　伝統的な間接金融の場合，貸倒れといった信用リスクを銀行が全面的に請け負うことになる。わが国が1990年代に不良債権問題に苦しみ，深刻な金融危機に直面したが，それは銀行を中心とする間接金融が大きなウエイトを占めていたからである。信用リスクの分散化ができていれば，それほど金融危機を長引かせることもなかったであろう。

　そのような反省もあり，わが国の政府は間接金融優位の金融システムから株式等の有価証券を発行することで資金を調達できる直接金融へのシフトを促しているが，すぐに直接金融へ移行するのは難しい。

　しかし，両者の中間に位置する市場型間接金融ならば，銀行が借手に資金を流しても証券化から信用リスクを投資家に転嫁できるので，銀行の健全性が保たれ，金融システムの安定性が高まっていくことになる。

　もちろん，投資家が少なければ，信用リスクを移転してもあまり意味がない。だが，証券は小口で，かつ管理しやすく作られているので，多くの投資家が保有できる仕組みになっている。これにより，信用リスクの分散化が可能になり，市場型間接金融の機能が発揮できることになる。

(3)　格付会社とサブプライムローン

　金融の証券化は金融システムを安定化させるだけではない。リスクを伴う分野へ融資を推し進めていくことができるので，経済成長にも貢献する。こうして見ていくと，わが国だけでなく，世界中の国々にとっても必要不可欠な仕組みであることがわかる。

　ただ，残念なことにサブプライムローンを組み入れた証券化はあまりにも複雑であったため，外部にいる投資家は言うまでもなく，専門の評価機関である格付会社さえもリスクを十分に理解できなかった。そのことが金融の証券化に厳しい目が向けられた要因のように見える。

　金融取引は絶えず情報の非対称性問題がつきまとう。証券化商品も同様で，買手である投資家は売手と違い，中身を完全に知ることが難しい。そのため，

慎重な買手はなかなか購入しようとはしないであろう。

　また，リスクの低い証券であっても，買手は情報不足から極度に警戒し，実際よりもリスクが高いと思い込んでしまう。そのため，逆に健全な売手は供給しようとしなくなってしまう。結局，証券化商品を対象にした市場は成立しにくくなる。

　そうしたなかで格付会社が本来の機能を発揮し，証券化商品に対して的確な評価が出せれば，問題は解決できる。だが，残念なことにその仕事を十分に果たせなかった。サブプライムローン問題が顕在化した時，格付会社は関連する証券化商品を一斉に引き下げ，投資家からの信頼を失い，そのことが証券化商品の暴落を招き，金融危機を引き起こしてしまったからだ。

　サブプライムローンはやはり根本的に無理な融資である。借手からの返済を前提に貸し出さなければならないにもかかわらず，地価の値上がりに依存した金融ビジネスが展開されていたからである。

　金融の基本に戻って慎重な姿勢から貸出が行われていれば，焦げ付きは最小限に抑えられ，世界中の投資家に販売された証券化商品も急激な下落に見舞われずに済んだであろう。また，格付会社もサブプライムローン関連の証券化商品でなければ，的確な格付けを表示できたように思われる。

　このように見ていくと，米国発の世界経済危機の元凶は特殊な融資であるサブプライムローンにあり，金融の証券化は必ずしも当てはまらないといえる。

第1章 世界経済危機の本質

付録1-1　米国のマクロ経済モデル

名　前	単　位	定　義
【在庫の関係式】		
□　在庫	JPY	5⟨⟨JPY⟩⟩
⇨　総供給	JPY/PERIOD	総需要の予想/TIMESTEP＋在庫補正
⇨　総需要	JPY/PERIOD	銀行融資＋消費
○　国民所得	JPY/PERIOD	総供給
○　消費	JPY/PERIOD	限界消費性向＊国民所得＋資産効果
○　銀行融資	JPY/PERIOD	住宅投資＊(1－バブル崩壊)
◆　限界消費性向		0.80
◆　住宅投資	JPY/PERIOD	20⟨⟨JPY/PERIOD⟩⟩
【資産価値の関係式】		
□　資産価値	JPY	100⟨⟨JPY⟩⟩
⇨　資産価値の増加	JPY/PERIOD	銀行融資＊(1＋バブル発生)
⇨　資産価値の減少	JPY/PERIOD	資産価値/TIMESTEP＊0.1＊(1＋バブル崩壊)
○　バブル崩壊		STEP(0.5, STARTTIME＋100⟨⟨PERIOD⟩⟩)
○　資産効果	JPY/PERIOD	資産価値／TIMESTEP＊0.05
◆　バブル発生		0.5
【総需要の予想の関係式】		
□　総需要の予想	JPY	100⟨⟨JPY⟩⟩
⇨　総需要の予想の変化	JPY/PERIOD	(総需要－総需要の予想/TIMESTEP)＊調整率
○　適正在庫	JPY/PERIOD	在庫率＊総需要の予想/TIMESTEP
○　在庫補正	JPY/PERIOD	在庫差＊補正率
○　在庫差	JPY/PERIOD	適正在庫－在庫/TIMESTEP
◆　調整率		1
◆　補正率		0.25
◆　在庫率		0.25

付録1－2　日本のマクロ経済モデル

名　　前	単　位	定　　義
【在庫の関係式】		
□　在　　庫	JPY	5〈〈JPY〉〉
⇨　総 供 給	JPY/PERIOD	総需要の予想/TIMESTEP＋在庫補正
⇨　総 需 要	JPY/PERIOD	銀行融資＋消費＋輸出
○　国民所得	JPY/PERIOD	総供給
○　消　　費	JPY/PERIOD	限界消費性向＊(1－世界経済危機の影響(3))＊国民所得
○　銀行融資	JPY/PERIOD	民間投資＊(1－世界経済危機の影響(1))
○　輸　　出	JPY/PERIOD	外需＊(1－世界経済危機の影響(2))
○　世界経済危機の影響(1)		STEP(0.1, STARTTIME＋100〈〈PERIOD〉〉)
○　世界経済危機の影響(2)		STEP(0.1, STARTTIME＋200〈〈PERIOD〉〉)
○　世界経済危機の影響(3)		STEP(0.05, STARTTIME＋300〈〈PERIOD〉〉)
◆　限界消費性向		0.80
◆　民間投資	JPY/PERIOD	10〈〈JPY/PERIOD〉〉
◆　外　　需	JPY/PERIOD	10〈〈JPY/PERIOD〉〉
【総需要の予想の関係式】		
□　総需要の予想	JPY	100〈〈JPY〉〉
⇨　総需要の予想の変化	JPY/PERIOD	(総需要－総需要の予想/TIMESTEP)＊調整率
○　適正在庫	JPY/PERIOD	在庫率＊総需要の予想/TIMESTEP
○　在庫補正	JPY/PERIOD	在庫差＊補正率
○　在庫差	JPY/PERIOD	適正在庫－在庫/TIMESTEP
◆　調整率		1
◆　補正率		0.25
◆　在庫率		0.25

第2章

金融機関への公的資金注入は信用収縮を回避できるか

第2章　金融機関への公的資金注入は信用収縮を回避できるか

第1節　新金融機能強化法と慎重な金融機関の貸出行動

(1)　貸し渋り・貸し剥がし現象の発生

　世界経済危機の影響を受け，わが国の金融機関は中小企業向け融資に対して慎重な姿勢を取るようになった。そのため，新規融資をためらうばかりか，既存の貸出を回収する金融機関も現れるようになった。貸し渋り・貸し剥がし現象の発生である。

　そうした金融機関の行動は信用収縮を引き起こし，景気後退の度合いを一層強め，さらに信用収縮と景気後退を繰り返す負のスパイラルをもたらす恐れがある。金融庁は何らかの有効な対策を打ち出すことで，この悪循環を断ち切らなければならない。

　もし金融機関が貸し渋りや貸し剥がしを続ければ，中小企業を中心に急速な資金繰り難が発生し，最悪の場合，倒産につながっていく。実際，中小企業の経営者から金融機関による不当な資金回収の訴えが金融庁に寄せられ，深刻な実態がマスコミ等で報道されている。

　金融庁はそうした事態を正確に把握するため全国の商工会議所を通じて中小企業向け融資の実態を調査し，さらに資金が円滑に供給されるように金融機関の融資姿勢を監視している。また，金融機関が融資先の中小企業に対して融資を断ったり，突然，回収しないように注意を促すだけでなく，悪質な場合は行政処分を行うことも示唆している。

　中小企業の経営は財務諸表だけを見て定量的に判断するのは極めて難しい。経営者の資質や技術力など，数値で測れない固有の特性を反映した定性分析が必要である。金融庁は目に見えない中小企業の特性を十分に配慮しながら，融資を判断するように求めている。

　だが，金融機関から見れば中小企業への融資はリスクが高く，景気後退へ向かう局面ではさらにリスクが高まる傾向にある。そのため，金融機関は中小企業への融資に対して慎重な姿勢を取らざるを得なくなる。

もちろん，金融機関が十分に高い自己資本比率を有していれば，積極的にリスクを取る展開が期待できるかもしれない。ところが，2008年9月に起きたリーマン・ショック以降，日経平均株価は大幅に下落し，金融機関は有価証券を中心に巨額の評価損及び含み損を発生させ，自己資本比率を減らしてしまった。

　自己資本比率は世界の金融監督機関の同意により業態別に制約が課されている。つまり，国際業務を営む大手金融機関は自己資本比率が8％以上，国内業務に専念する金融機関は4％以上が要求されている。

　その基準は大手金融機関とそれ以外の金融機関で違っているが，一部の地域金融機関では大手銀行並みの8％を暗黙の約束事として求められるところもある。そのため，地域金融機関では大手銀行以上に自己資本比率の低下に対して神経質になっている。

　そのなかで急激かつ大幅な有価証券の評価損及び含み損を抱えた金融機関は，自己資本比率を維持するために貸出を減らさざるを得ない。金融機関の立場からすれば，貸出に消極的になるのは自己資本比率を維持するための合理的な行動であり，民間の金融機関が取るべき当然の行動であろう。

　だが，金融庁から見れば，困った行動である。金融機関が貸出に躊躇したり，あるいは回収に走れば資金繰り難の中小企業などは倒産に陥り，そのことがさらに景気を悪化させるからである。そのため，金融庁は貸し渋りや貸し剥がしが行われないように金融機関を誘導することになる。

(2) 公的資金注入の実態

　金融庁と金融機関ではその目標が異なっているので，まったく正反対の行動を取る傾向がある。そうした両者の矛盾を回避する有効な手段として金融機関への公的資金注入があり，2008年12月にそれを実現させるための法律として新金融機能強化法が復活した。これにより金融機関は公的資金の予防的な資本注入が再び可能となった。

　もともと金融機能強化法は2004年6月に成立し，その期限は2008年3月まで

第2章 金融機関への公的資金注入は信用収縮を回避できるか

だった。財務内容の悪い金融機関に公的資金を注入し，経営の健全性を高めるのが目的であった。

だが，実際には紀陽ホールディングスと豊和銀行の2件だけしかこの制度を活用しなかった。資金注入の枠組みを作ったにもかかわらず，実質的には十分な役割を果たさなかったため，当初の計画通り4年ほどで打ち切られることになった。

ところが，2007年秋頃から米国のサブプライムローン問題がわが国にも波及し，2002年2月から長期間にわたって持続した好景気も陰りが見え始めた。景気後退局面入りである。

景気悪化の方向へ向かえば，金融機関の経営もそれにつれて不安定な状態に陥る。とりわけ，大量の有価証券を保有する金融機関は大幅な評価損を発生させ，それがきっかけとなって財務力が低下するところも現れるようになった。

そのため，金融機関に資金を注入する仕組みである金融機能強化法の必要性が再認識され，改正・金融機能強化法が2012年3月末までの時限措置として2008年12月に成立したのである。しかも，公的資金枠は2兆円から12兆円へ拡大させ，従来よりも大規模なものになっている。

ところが，2009年3月末までに申請した金融機関はたった3行しかなく，公的資金の受入額は札幌北洋ホールディングス傘下の北洋銀行（札幌市）が1,000億円，南日本銀行（鹿児島市）が150億円，福邦銀行（福井市）が60億円だった。

公的資金の受け入れを容易にするため，調達手段である優先株は疲弊した金融機関の経営体力を配慮して低い配当率が設定されている。例えば，北洋銀行の場合，優先株の配当利率はTIBOR12か月物（当時0.8％）＋1.0％である。

また，南日本銀行の場合，それはTIBOR12か月物（当時0.8％）＋1.05％であり，福邦銀行は当初3年間が1.9％となっている。大手銀行が発行した優先出資証券の配当率が年4～5％台であることからも，これらの配当率は低く，金融庁が公的資金の活用を促していたことがわかる。

金融庁の目的は公的資金注入により金融機関の資本を厚くし，リスク吸収能力を高め，中小企業向け融資を促進させることにある。それだけでは本来の目

的が実行されるかどうかわからないため，中小企業向け融資を2011年3月までに約2～9％ほど伸ばすことを金融機関に公的資金注入の条件として課している。

このように金融庁は貸し渋りや貸し剥がしを阻止する有効な手段として公的資金注入策を打ち出している。これにより金融機関は自己資本比率を高めることで，地元の中小企業に向けた融資が促され，貸し渋りあるいは貸し剥がしの阻止につながることが期待されている。

だが，実際のところ，金融庁が期待したほど多くの金融機関がこの制度を利用しようとはしなかった。もちろん，上に指摘した3行のように新金融機能強化法を活用し，公的資金を注入した金融機関もあり，また，それ以降も公的資金の申請を検討している金融機関もある。

しかし，貸し渋りや貸し剥がしが騒がれるなかでもっと多くの金融機関が積極的にこの制度を利用しない限り，意味のある対策にはならないであろう。そのためにはさらに多くの金融機関の利用が期待されたのである。

(3) 公的資金注入に消極的な理由

それでは，なぜ金融機関は金融庁の期待に反して公的資金注入に消極的なのであろうか。

一般に公的資金が注入されると金融庁の関与が強まることを懸念する金融機関が多い。金融庁の方針に従ってそれぞれの金融機関はこれからの経営方針が決定づけられてしまうからである。そのため，金融庁の関与をできるだけ回避したい経営者は当然ながら，公的資金注入の受け入れを拒否することになる。

だが，それは従来の公的資金注入の際にしばしば指摘された理由であり，新金融機能強化法のもとでは当てはまりにくい。なぜなら，今回の枠組みは過去のものとは違っているからである。

それを理解するには公的資金の種類と性格を知る必要がある。公的資金は緊急度に応じて2種類に分けられる。ひとつは預金保険法に基づくものであり，もうひとつは金融機能強化法に従うものである。

第2章　金融機関への公的資金注入は信用収縮を回避できるか

　預金保険法のもとでは公的資金は金融機関の破綻処理や信用秩序の維持のために利用される。このケースでは金融危機が表面化し，一刻も早い段階で適切な措置が打ち出されなければならない状況のもとで議論される傾向が強い。

　そのため，金融庁は対象となる金融機関に向けて公的資金の必要性を強く訴えることになる。そして，公的資金注入後は政府の管理下に置かれ，将来の姿は政府主導のもとで描かれることになる。

　それに対して金融機能強化法ではそのような差し迫った状況で公的資金が注入されるのではなく，あくまでも予防的な措置に過ぎない。金融機関がさらに自己資本を積み増し，将来起こり得るリスクを吸収するための準備である。あるいは健全な金融機関が財務内容の悪い金融機関を救済するための手段として公的資金が使われるケースも考えられている。

　したがって，金融機能強化法で公的資金を注入しても預金保険法のもとでの注入と異なり，悪いイメージが必ずしもつきまとうわけではない。むしろ積極的な経営の姿が浮かぶかもしれない。しかも，新金融機能強化法のもとでは過去と違って経営責任を追及しないことも明らかにされている。

　いままでは公的資金が注入されると金融庁は金融機関への関与を強め，経営の細部にわたって口を挟む傾向が強かった。そのため，金融機関の経営者は余程のことがない限り，公的資金の枠組みを利用しなかった。

　だが，新金融機能強化法のもとでは公的資金が注入されても金融庁は金融機関の経営に関与しないことが条件に備わっている。それゆえ，金融機関は積極的に応じてもよさそうに思えるが，しかしながら，新しい枠組みを利用する金融機関はそれほど多くないのが事実であった。

　それでは公的資金注入を嫌う本当の理由は何であろうか。それは金融機関の最大の関心事である損益にあり，経済環境が激変した状況のもとで公的資金を注入し無理に貸出を増やせば，損失がいままで以上に拡大する恐れがあるからだ。だからこそ，金融機関は資金の注入をためらうのである。

　民間金融機関ならば損益の状態を最も重視する。損失の拡大が予想されれば，たとえ公的資金を注入し自己資本比率を高めリスクの取れる体制を整えても，

積極的に貸出に応じようとはしないであろう。

　そのことはすでに公的資金を注入した北洋銀行，福邦銀行，南日本銀行でさえ当初の計画ほど融資が拡大していない実態からも推測できる。優良顧客が限られるなかで景気後退が進めば，いくら公的資金注入により自己資本が増えても最初に盛り込まれた中小企業向け融資の目標を達成するのが難しい。やはり，利益が生み出される環境にないのであろう。

　貸し渋りや貸し剥がしといった信用収縮を解消する手段として公的資金注入に人々の注目が集まったが，利益を生み出す仕組みも考慮しなければ貸出の増加につながらない。金融庁が経営に関与しない新しい公的資金注入の枠組みを作っても民間金融機関にとって最終的な目的でもある利益が確保できなければ，この制度を受け入れようとはしないし，また公的資金を注入しても貸出の拡大にはなかなか結びつきにくいであろう。

　そこで，本章では新金融機能強化法が期待したほど多くの金融機関に利用されなかった理由を貸出から発生する損益の状態に求め，そのことを簡単なモデルとシミュレーションから丁寧に説明していきたい。

第2節　金融機関の貸出行動モデル

(1)　景気変動と金融機関の貸出行動

　本節では Powersim Studio 8 と呼ばれるシステムダイナミックス・モデルのソフトを用いて金融機関の行動を説明する。このソフトは時間の経過に伴って変数がどのような動きを展開するかを分析するものであるが，同時に変数間の関係を直感的でわかりやすい記号を用いて描くことも特徴としてあげられる。

　早速，このソフトに基づきながら景気変動が金融機関の貸出行動にいかなる影響をもたらすかを見ていくことにしよう。なお，このモデルの詳細は「**付録2－1**」のなかでまとめられている。関連した項目の方程式を見ることで，モデルの性格が明らかにされるであろう。ただし，本節では方程式の係数など細かな設定条件については割愛し，全体の姿だけをできるだけわかりやすく説明

第2章　金融機関への公的資金注入は信用収縮を回避できるか

することに努めたい。

まず，**図表2−1**は金融機関が抱えるレベルである「**有価証券残高**」，「**自己資本**」，「**貸出残高**」を中心に描いたものである。金融機関は有価証券と貸出を通じて自らの資金を運用し，そこから生み出された利益が内部留保となって自己資本の蓄積につながっていく。それと同時にそれぞれのレベルも増えていく。それはまさに貸借対照表を構成する主要な構成要素の動きを表しているといえる。

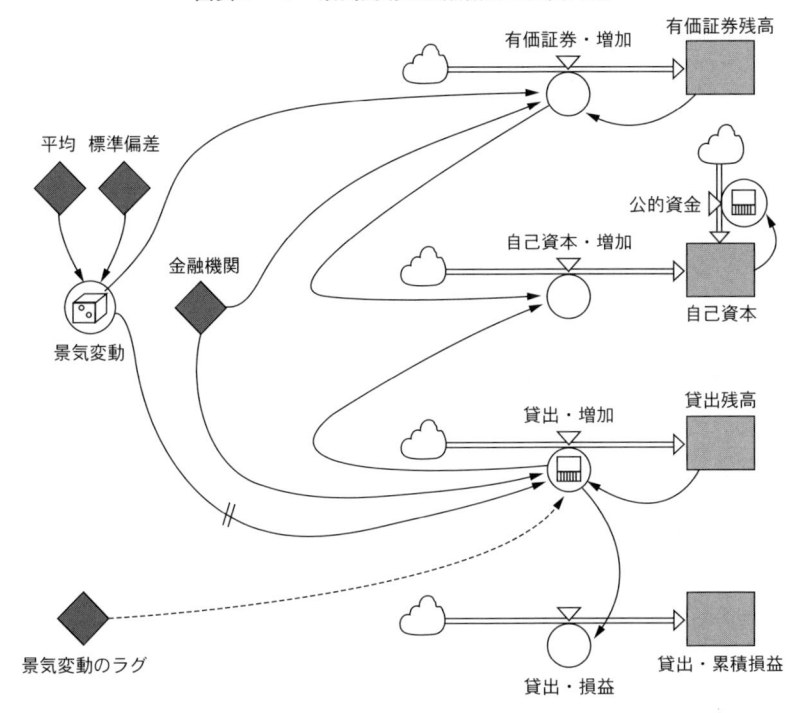

図表2−1　景気変動と金融機関の貸出行動

さらに貸出だけに注目し，そこから生み出された利益がどれだけ内部に蓄積されたかを示すためのレベルとして，「**貸出・累積損益**」も設けられている。これは損益計算書の最終的な数値である利益が貸借対照表の剰余金として蓄積されていく様子を貸出だけに絞って表したものである。

もちろん，これらのレベルに影響を及ぼすのが「**金融機関**」の経営行動であり，ここでは景気変動がない本来の利益率を表している。有価証券そして貸出から生み出される利益のうち，自らの経営努力によって得られる部分を表している。だが，金融機関はそのような利益の源泉のほかに，自らの経営努力だけでは回避できない景気変動の影響も受ける。

　ここでは景気変動が金融機関にランダムな影響を及ぼす要因として，その収益率の「**平均**」と「**標準偏差**」を定めた「**景気変動**」という項目が加えられている。これにより有価証券と貸出の利益は本来の収益率と景気変動によるランダムな収益率の2つから成り立っていることがわかる。

　なお，このモデルではラグ（時間の遅れ）という点で景気変動が有価証券と貸出に及ぼす効果が異なっている。有価証券は景気変動の影響をもろに受ける傾向が強いためラグはないが，貸出はある程度のラグを伴うと想定している。

　世界経済危機がわが国の経済を襲った時，最初に株価を直撃し，金融機関は多額の評価損を抱え，損失につながった。その後，徐々に実体経済にも悪影響を及ぼし始め，企業倒産なども顕在化し，貸出による収益が悪化する事態に突入した。そうした姿をラグの遅れとして描いている。

　さらにこのモデルでもう一点だけ注意しなければならないことがある。それは自己資本に流れる資金として2種類があげられることである。ひとつはすでに触れたように有価証券と貸出の利益であり，もうひとつは公的資金による流入である。金融庁による金融機関への公的資金注入が行われると，利益による内部留保の蓄積と同様に自己資本も増えていくことになる。

　金融機関に利益が生み出されればまったく問題ないが，反対に損失が発生し自己資本比率が減少すれば，貸し渋りや貸し剥がしが行われやすくなる。それを阻止するため，金融庁は公的資金注入を促す。そうした動きをモデルのなかに明示的に組み込んでいるのである。

(2) 金融庁による2種類の貸出対策

　次に金融庁の金融機関に対する貸し渋り・貸し剥がし対策について説明しよ

第2章　金融機関への公的資金注入は信用収縮を回避できるか

う。その対策には2種類があり，ひとつは金融庁による直接指導であり，もうひとつは公的資金注入である。**図表2－2**はそうした金融庁の貸し渋り・貸し剥がし対策を描いたものである。

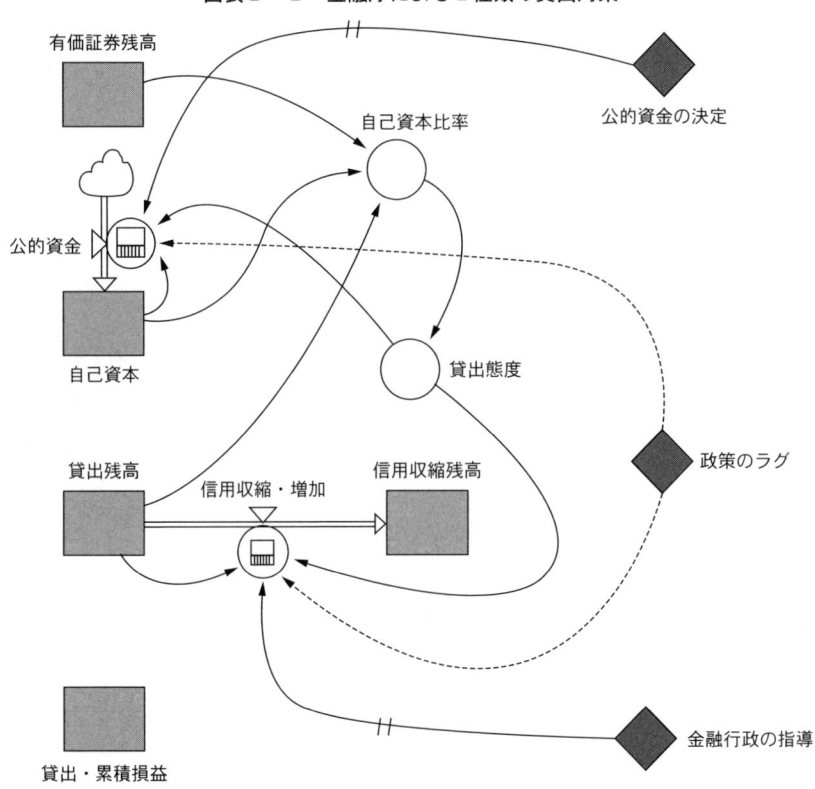

図表2－2　金融庁による2種類の貸出対策

　まず，金融機関は景気悪化の影響から有価証券の評価損が拡大することで，自己資本比率が低下する。また，貸出から発生する不良債権処理からも自己資本比率が低下するであろう。そうすると，金融機関は「**自己資本比率**」をある一定水準に維持するため，貸出を減らそうとする。

　それが貸し渋りあるいは貸し剥がしであり，図では「**貸出態度**」の変更となって信用収縮が発生する仕組みが描かれている。それは期間ごとに発生する「**信**

用収縮・増加」となって表れ,それを積み重ねた金額である「**信用収縮残高**」も増えていくことになる。

金融庁が何も働きかけなければ,金融機関は当然の行動として貸出を抑え続けるであろう。それでは日本経済がさらに悪化するので,金融庁としてはそれを阻止しようとする。

図の下のほうに示した「**金融行政の指導**」は金融庁による金融機関への直接指導であり,金融機関が貸し渋りや貸し剥がしをしないように注意を促すものである。その対策は単純で,金融機関が貸し渋りや貸し剥がしに走れば,それを直接,阻止するように強引に説得することである。それゆえ,信用収縮・増加はゼロであり,信用収縮残高もゼロとなる。結局,金融庁が厳しい指導をすれば貸し渋りや貸し剥がしは発生しないことになる。

確かに金融庁は金融機関に貸し渋りや貸し剥がしをしないように指導している。だが,あくまでも民間の金融機関は自己の経営判断から貸出の増減を決めるのが基本であり,金融庁の指導に全面的に従う必要はない。それゆえ,金融行政の指導には自ずと限界がある。

そこで,有効な手段として「**公的資金の決定**」がある。これにより自己資本比率が高まり貸出に余裕が生まれれば,金融機関は貸し渋りや貸し剥がしを行おうとしないであろう。しかも,それは金融庁の指導から強制的に行われるのではなく,金融機関が自主的に判断するものである。

例えば,自己資本比率が低くなると,金融機関は貸出態度を通して公的資金を注入し,自己資本比率が上昇する。ここでは自己資本比率がある数値を下回ると,自動的に公的資金を注入し,その比率を高めるようにモデル化されている。そうすると,この場合,再び貸出態度を通じて信用収縮・増加が減少し,貸し渋りや貸し剥がしが緩和されることになる。

もちろん,公的資金注入の効果は限定的で,先ほどの金融行政の指導と異なり,完全な形で貸し渋りや貸し剥がしをなくすことはできない。あくまでも自己資本比率の数値に従って金融機関が融資の判断を行うものである。

なお,ここでは金融庁による貸し渋りや貸し剥がしに向けた対策や公的資金

第2章　金融機関への公的資金注入は信用収縮を回避できるか

注入が決定されるのにある程度の時間の遅れを伴うものと想定している。先ほどの貸出決定にラグがあったのと同様に，金融庁も景気の変化に気づき，対策を講じるのにある一定のラグが生じると思われるからである。それは「**政策のラグ**」として示されている。

第3節　金融庁の介入と金融機関の貸出行動

(1)　金融庁が一切介入しないケース

図表2－1で金融機関の行動を，そして**図表2－2**では金融庁による貸し渋りや貸し剥がしに向けた2種類の対策について，そのメカニズムを説明してきた。**図表2－3**はそれらをつなぎ合わせたものであり，金融機関の行動と金融庁による貸出対策の全体像を描いている。

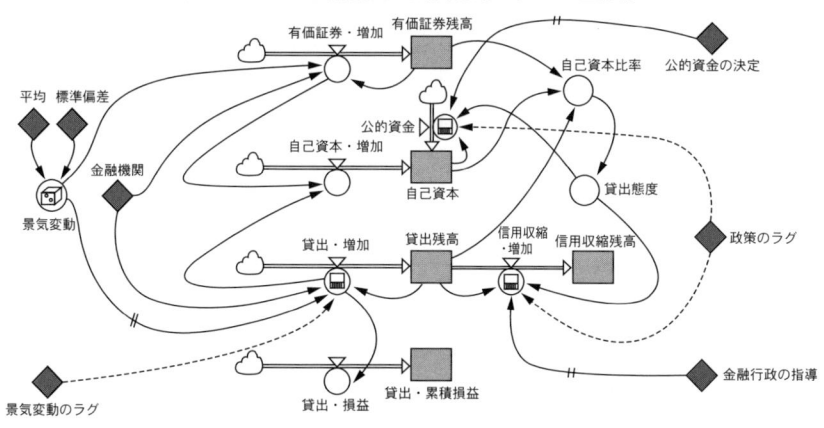

図表2－3　金融機関の貸出行動モデルの全体像

この図からもわかるように，景気変動が金融機関の投融資活動に影響を及ぼし，さらに自己資本比率を変化させることで，ある一定のラグを伴いながらも金融庁が貸し渋り・貸し剥がし対策に動き，そのことが金融機関の貸出行動に影響を与えている。

そうしたメカニズムに基づきながら，今度は金融庁の政策が金融機関の貸出

行動に及ぼす効果について調べてみることにしよう。

　最初に金融庁が一切介入しないケースから見ていこう。政策効果を判断するうえで基準となるケースであり，これを調べることで，金融庁による貸し渋り・貸し剥がし対策について有効か否かが明らかにされると思われる。

　まず，景気変動がもたらす効果から見ていくことにしたい。**図表２－４**は景気変動のランダムな動きを０期から100期までを描いたものであり，その動きは収益率の平均値と標準偏差に従って決定づけられている。

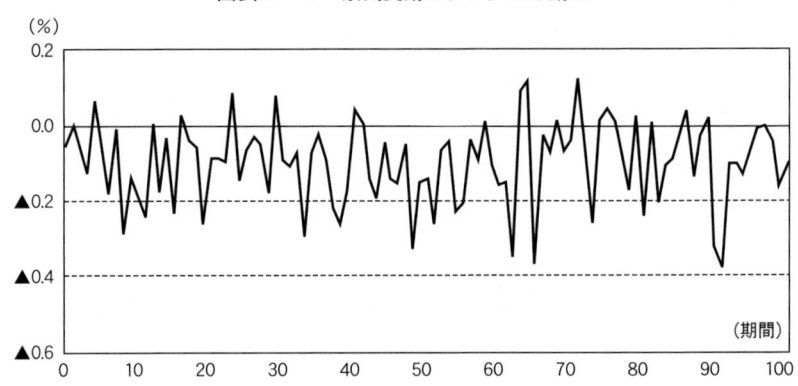

図表２－４　景気変動のランダムな動き

　もちろん，こうした景気変動による要因だけでなく，本来の収益率からも利益が決定づけられる。そして，それらが内部留保となって自己資本に影響をもたらすことになる。

　反対に損失が発生すれば，自己資本は減少し，金融機関は貸出を抑えようとする。そうしたメカニズムは貸出の損益を通して発生する。**図表２－５**は貸出の損益と累積損益の動きを描いたものであり，ほとんどの期間で貸出から損失が発生しているため，累積損失が拡大していることが確認できる。

　損失が発生すれば内部留保を減らすため，自己資本比率が低下し，それは貸し渋りや貸し剥がしをもたらし，信用収縮につながっていく。**図表２－６**は期間ごとの信用収縮とそれを累積した信用収縮残高を表している。ただし，ある期間を過ぎると，１期間当たりの信用収縮が小さくなっているが，残高そのも

第2章　金融機関への公的資金注入は信用収縮を回避できるか

図表2−5　貸出の損益と累積損益

貸出の損益（左目盛）

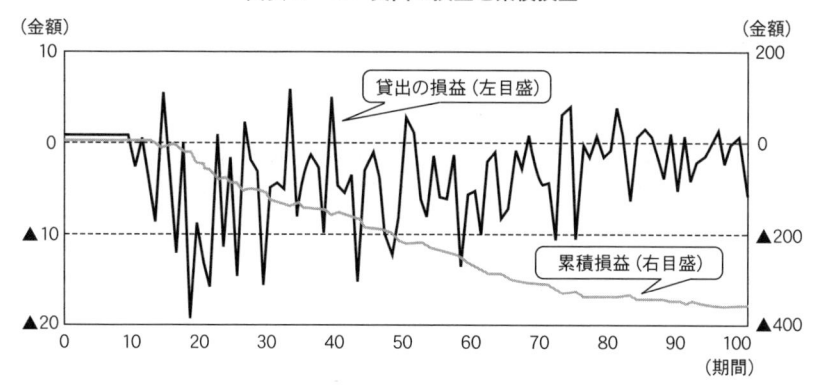

累積損益（右目盛）

図表2−6　信用収縮の増加と残高の動き

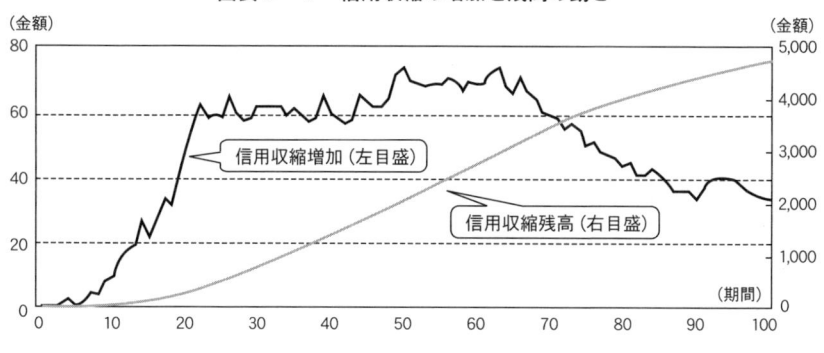

信用収縮増加（左目盛）

信用収縮残高（右目盛）

のは増え続けている。

　このケースでは景気変動の影響から自己資本比率の低下と信用収縮による貸出残高の減少が繰り返されている。**図表2−7**はそうした両者の縮小メカニズムを描いたものであり，自己資本比率が低下するにつれて貸出残高も低下する動きが描かれている。

　このように金融庁が一切介入しない場合，金融機関は景気変動の影響をもろに受け，自己資本比率の低下とともに貸出残高を減らそうとする。結局，このケースでは金融機関による貸し渋りや貸し剥がしが行われることになる。

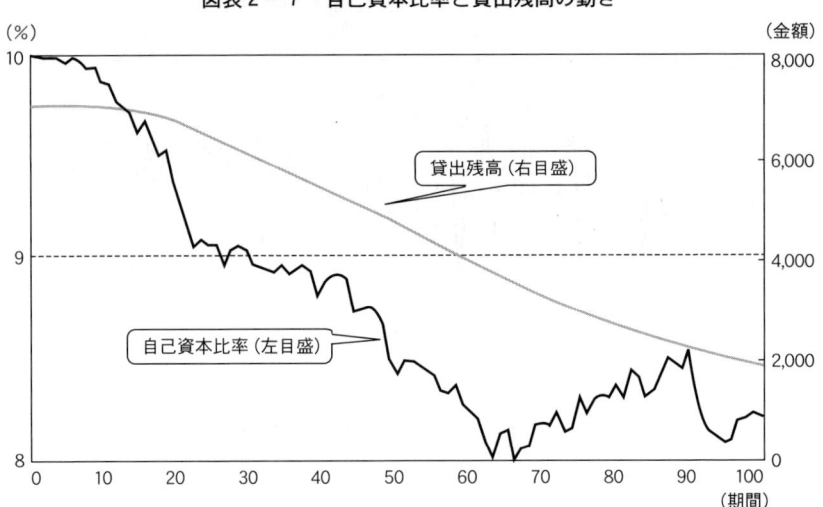

図表2－7　自己資本比率と貸出残高の動き

貸出残高（右目盛）

自己資本比率（左目盛）

(2) 金融庁が介入するケース

それでは金融庁が介入したならば，金融機関の貸出はどうなるであろうか。**図表2－8**は上で展開した金融庁が一切介入しないケースを基準に置きながら，金融庁が介入するケースを①直接指導，②公的資金，③合併政策の3つに分けたものである。その分類を示すと，次のようになる。

【1】　金融庁の介入なし
【2】　金融庁の介入あり
　　　①　**直接指導**……金融庁が金融機関の貸し渋りや貸し剥がしを一切認めないケース
　　　②　**公的資金**……金融機関が公的資金を受け入れるケース
　　　③　**合併政策**……①と②の政策を加えたもので，金融機関が金融庁の指導により貸し渋りや貸し剥がしを一切行わず，しかも公的資金を同時に受け入れるケース

第2章 金融機関への公的資金注入は信用収縮を回避できるか

図表2-8 金融庁の介入と金融機関の行動

(1) 自己資本比率（％）

期間	【1】金融庁の介入なし	【2】金融庁の介入あり		
		①直接指導	②公的資金	③合併政策
0期	10.0	10.0	10.0	10.0
25期	9.1	8.8	9.4	9.2
50期	8.4	6.5	9.2	8.9
75期	8.3	4.2	9.6	9.1
100期	8.2	2.6	9.6	9.3

(2) 貸出残高

期間	【1】金融庁の介入なし	【2】金融庁の介入あり		
		①直接指導	②公的資金	③合併政策
0期	7,000	7,000	7,000	7,000
25期	6,354	6,641	6,397	6,641
50期	4,689	6,484	5,470	6,484
75期	2,928	6,318	4,501	6,318
100期	1,883	6,225	3,996	6,225

(3) 信用収縮残高

期間	【1】金融庁の介入なし	【2】金融庁の介入あり		
		①直接指導	②公的資金	③合併政策
0期	0	0	0	0
25期	555	268	512	268
50期	2,090	268	1,298	268
75期	3,751	268	2,138	268
100期	4,760	268	2,579	268

(4) 貸出累積損益

期間	【1】金融庁の介入なし	【2】金融庁の介入あり		
		①直接指導	②公的資金	③合併政策
0期	0	0	0	0
25期	▲91	▲91	▲91	▲91
50期	▲221	▲248	▲231	▲248
75期	▲320	▲414	▲361	▲414
100期	▲357	▲507	▲425	▲507

ここではそれぞれのケースごとに金融機関の自己資本比率，貸出残高，信用収縮残高，貸出累積損益の0期から100期までの動きを数値で整理している。出発時点である0期の自己資本比率は10％，貸出残高は7,000，信用収縮残高は0，貸出累積損益は0である。そこからケースごとに異なった数値が示されている。

最初に「【1】金融庁の介入なしのケース」からシミュレーションの結果を見ると，100期目の自己資本比率は8.2％，貸出残高は1,883，信用収縮残高は4,760，貸出累積損益は▲357である。なお，記号▲は本書においてマイナスを意味している。

それに対して，「【2】金融庁の介入ありのケース」から「①直接指導のケース」を見ると，100期目の自己資本比率は2.6％となり，金融庁の介入なしのケースよりも小さい。しかも，それは金融機関に課せられている最低の基準を下回る数値でもある。

だが，貸出残高は6,225で，金融庁が介入しないケースよりも大きい。これは金融庁の直接指導により貸し渋りや貸し剥がしが抑えられているからであり，信用収縮残高は268にとどまり，かなり小さくなっている。

直接指導が行われているにもかかわらず，信用収縮残高がゼロでないのは不思議に思えるかもしれないが，それは金融庁が貸し渋りや貸し剥がしを抑えるのにある一定のラグが設けられているからである。また，このケースでは貸出残高が大きいことから貸出累積損益も拡大し，▲507となっている。

次に「②公的資金のケース」を見ると，100期目の自己資本比率は9.6％となり，十分な高さにある。貸出残高は3,996となり，①の金融庁による直接指導のケースに比べれば減っているが，金融庁が一切介入しないケースよりも貸出残高は大きい。

それに対して信用収縮残高は対照的な動きを見せている。その数値は2,579であり，金融庁が一切介入しないケースよりも小さいが，①の金融庁による直接指導のケースよりも大きい。また，貸出累積損益は信用収縮残高と異なったパターンであるが，2つのケースの中間に位置している点は同じである。

第2章 金融機関への公的資金注入は信用収縮を回避できるか

それでは金融庁が貸し渋りや貸し剥がしを一切行わせないように直接指導し，さらに金融機関が公的資金を受け入れる「③合併政策のケース」はどうであろうか。この場合，100期目の自己資本比率は9.3%で十分に高く，②の公的資金のケースに続く高さである。

一方，貸出残高は6,225，信用収縮残高は268，貸出累積損益は▲507となり，①の金融庁による直接指導のケースで展開した数値とまったく同じである。

(3) 累積損益と金融機関の貸出行動

このようにして金融庁が一切介入しないケースを出発点にしながら，それに続いて金融庁が直接指導するケース，公的資金を注入するケース，そして直接指導と公的資金を同時に行う合併政策のケースについて見てきた。

その結果をさらにわかりやすく示すため，4つのケースのうち最も対照的な**「金融庁の介入なしのケース」**と，金融庁が直接指導し公的資金も導入される**「合併政策のケース」**を取り上げ，両者の結果を図で比較することにしよう。

図表2－9は自己資本比率の推移を比較したものであり，これを見るとわかるように金融庁が全面的に介入した合併政策のほうが最終的に高くなっている

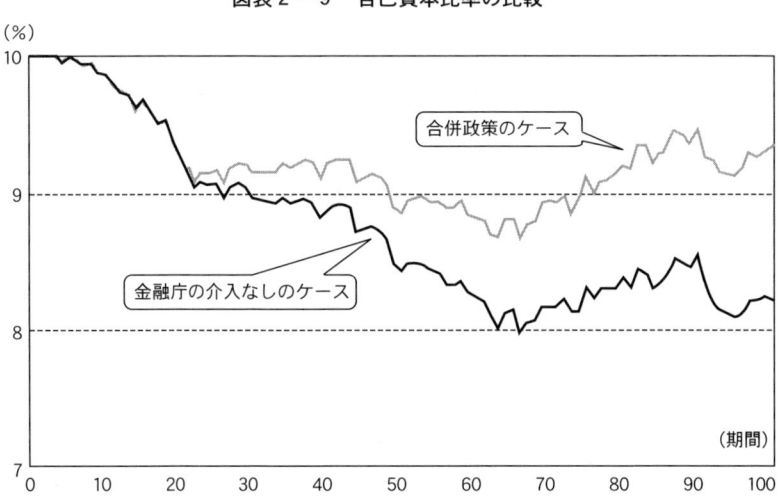

図表2－9　自己資本比率の比較

のが確認できる。また、**図表 2 − 10**は貸出残高の動きを比較しているが、これも合併政策のほうが大きい。

その理由は**図表 2 − 11**から理解できよう。この図は信用収縮残高を比較したものであり、合併政策のほうがはるかに小さな数値を示している。つまり、貸し渋りや貸し剥がしを抑えることから信用収縮残高が減り、そのことが相対的

図表 2 − 10　貸出残高の比較

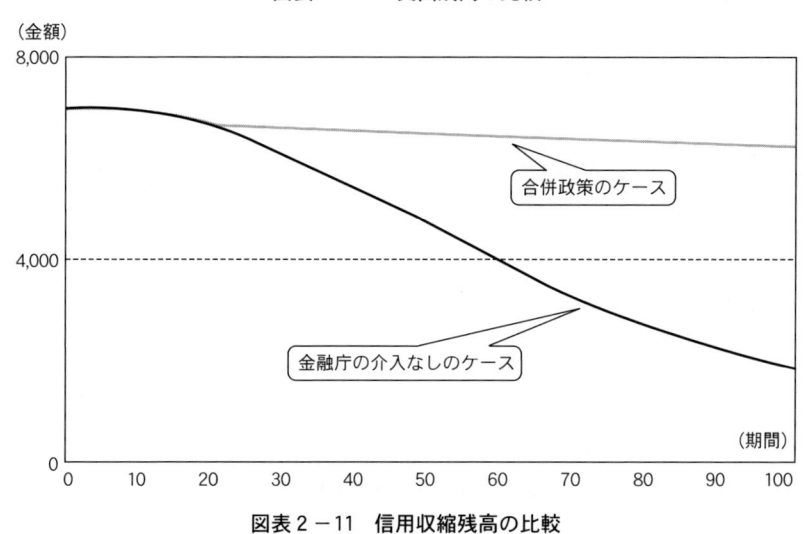

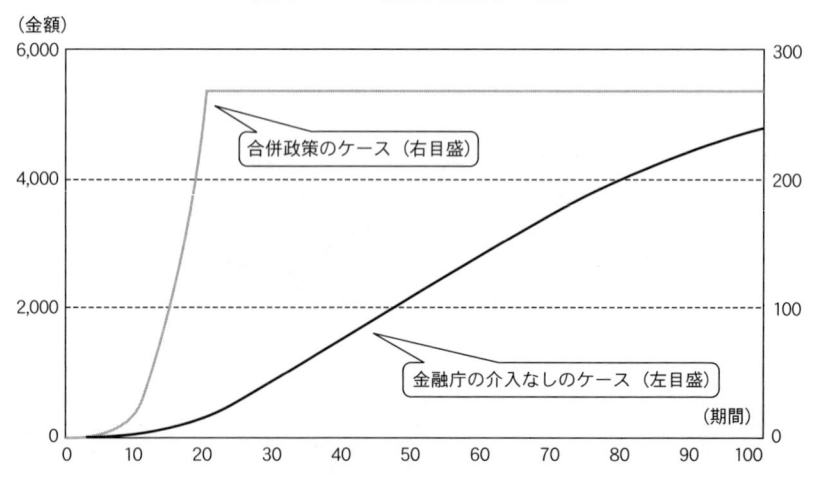

図表 2 − 11　信用収縮残高の比較

第2章　金融機関への公的資金注入は信用収縮を回避できるか

に貸出の増加に結びついているのである。

こうして見ていくと、金融庁が金融機関に直接介入し、貸し渋りや貸し剥がしを一切認めず、さらに公的資金を注入させ、自己資本比率を高める政策を採用すれば、社会の要求に応えられることになる。景気後退の局面に突入するなかで、信用収縮を阻止させるのは金融庁の責務でもある。

だが、そうしたことは極めて難しく、金融機関は金融庁の要求に素直に応じようとはしないであろう。実際、金融機関に働きかけても期待したほどの効果があげられなかったのが現状である。

根本的な理由はやはり金融庁の指導に基づいて貸出を行えば、損失が拡大するからである。そのことは先ほどの**図表2－8**に戻って、それぞれのケースから生み出される100期目の貸出累積損益を比較することからも理解できる。

そこで、4つのケースを見てみると、金融庁が一切介入しないケースの貸出累積損益が▲357であるのに対して、金融庁が直接指導するケースでは▲507、公的資金注入のケースでは▲425、そして合併政策のケースでは直接指導と同じ▲507となっている。

また、**図表2－12**はこの4つのケースのうち金融庁が一切介入しないケースと、それとは対照的に金融庁が直接指導し、さらに公的資金を注入する合併政策のケースを取り上げ、貸出累積損益の動きを図で描いたものである。

数値例からも、あるいは対照的なケースを比較したこの図からもわかるように、金融庁が何らかの形で介入し、金融機関がそれに従った場合、損失が拡大していくことが確認できる。

景気後退の影響から収益率はマイナスの状態である。そのなかで貸出を増やせば、それだけ損失が膨らんでいく。だからこそ、金融機関は貸出を縮小させ、貸出残高を減らす方向へ進もうとする。それを直接指導や公的資金注入から金融機関に無理やり貸出を推し進めようとすれば、当然、貸出の拡大とともに損失も増えていくことになる。

金融機関はそうしたことを十分に予想しているので、自らの組織を危うくするような行動を取らないであろう。したがって、金融庁が貸し渋りや貸し剥がが

図表2−12　貸出累積損益の比較

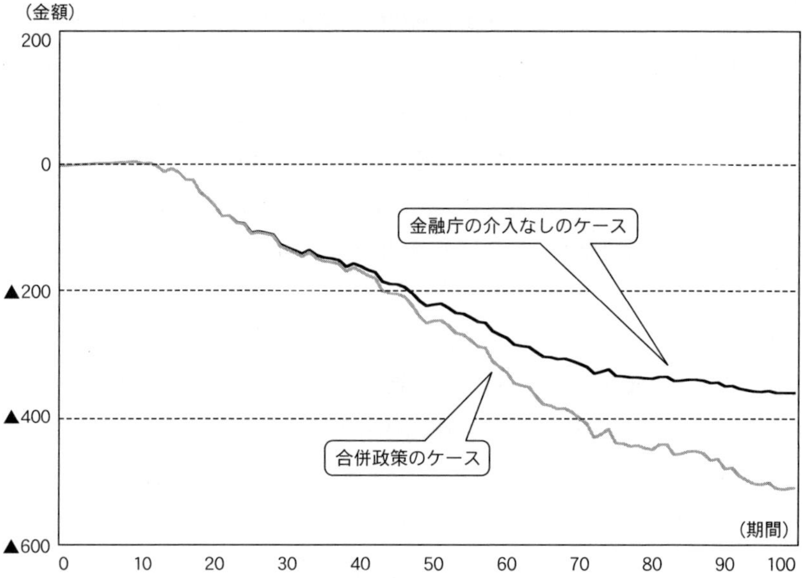

（金額）縦軸、（期間）横軸

- 金融庁の介入なしのケース
- 合併政策のケース

しをなくそうと，いくら直接指導や公的資金注入を唱えても，金融機関はなかなか応じようとはしないのである。

第4節　公的資金注入の条件

(1)　金融機関に利益を生み出す仕組み

　金融庁はマクロ経済の立場から日本の景気を安定化させようと金融機関に働きかける。そのため景気後退の局面に突入したと判断すれば，金融機関に向けて貸出を積極的に増やすように何らかのアクションを取るであろう。それが金融庁の果たすべき役割でもある。

　それに対して金融機関は民間組織の立場から利益の最大化が究極的な目標となるため，日本経済の安定化よりも自らの利益を第一に考えるであろう。景気後退に直面し，損失が発生すると予想すれば貸出を減らし，損失をできる限り少なくするように行動する。

第2章　金融機関への公的資金注入は信用収縮を回避できるか

　金融庁は新金融機能強化法を成立させ，公的資金注入により全国の金融機関に自己資本比率を高めることで貸し渋りや貸し剥がしをできる限り阻止しようとした。だが，信用収縮に歯止めをかけるのはなかなか容易なことではない。金融庁と金融機関では貸出に対する考え方が根本的に違っているからである。

　世界経済危機のなかで金融庁は貸し渋りや貸し剥がしを阻止しようと，公的資金注入を試みるが，その一方で，貸出の増加から損失の拡大を懸念する金融機関はそうした金融庁の誘いに乗ることはないであろう。

　金融機関はあくまでも民間組織であり，利益が生まれない限り，いくら金融庁が音頭をとっても貸出を増やすのは難しい。それゆえ，金融庁は発想を転換し，金融機関に利益をもたらすような新しい政策を打ち出さない限り，信用収縮を抑えることはできないであろう。

　だが，景気後退の局面では金融機関に利益を生み出すのは困難であり，これでは貸し渋りや貸し剥がしを抑えることができず，そのまま景気はさらに悪化の方向へ向かっていく。それでは金融庁による貸出政策はまったく使えないことになる。

(2)　補完手段としての貸出政策

　確かに単独では難しい。しかし，何らかの大規模な景気浮揚対策を貸出政策と合わせて実行すれば人々の将来に向けた予想も楽観的になり，金融機関が期待する貸出収益率も高まると考えられる。その時，金融庁による貸し渋り・貸し剥がし対策は有効な手段として活用されるだろう。

　貸出政策は引き締め手段としては単独でも十分な効果を発揮できるが，反対に景気を浮揚させるには他の強力な政策と組み合わせて実行しない限り，有効な機能を発揮しにくい。

　金融庁が公的資金注入により金融機関の自己資本比率を高め，貸出を増加させようとしても，これだけでは金融機関を動かせないであろう。やはり何らかの強力な経済政策を出動させながら，それを補完する手段として貸し渋り・貸し剥がし対策を位置づけない限り，効果を発揮するのは難しい。

すでに触れたようにわが国の経済は2008年9月のリーマン・ショックから翌年2月にかけて日経平均株価が急落し，それに伴い実体経済が悪化した。そのような最悪の状況こそ，金融機関の貸出を増やすことで，景気悪化を食い止めたいところであったが，新金融機能強化法の施行にもかかわらず，期待したほど名乗りをあげる金融機関は多くなかった。

　だが，当初は100年に1度の世界経済危機と叫ばれたにもかかわらず，2009年3月に入ると日経平均株価は反転し，数か月後には40％以上も値上がりした。しかも，株価上昇は日本だけでなく世界の主要な国々でも起き，景気回復を期待させる実体面のデータも内外で発表されるようになった。

　そうしたなかで公的資金注入を申請する金融機関の名前が2009年3月までに実施した3銀行のほかにいくつかあがるようになった。また，公的資金注入を受け入れるための準備でもある資本増強に関わる定款を変更する金融機関も増え始めている。

　この動きは脆弱な財務基盤に苦しむ金融機関が徐々に顕在化し始めたとも解釈できるかもしれないが，その一方で景気回復を臭わせる兆候が予想よりも早く現れ，しかも期待が高まるにつれて，金融機関が収益環境の好転を見込み始めたためとも思われる。なぜなら，公的資金注入により財務力を強化し貸出を増やすことで，利益が得られる可能性が高まるからである。

　やはり公的資金注入の前提条件は予想収益の好転にあり，この条件を無視すれば，いかなる盤石な制度を設けてもこれを利用する金融機関は少ないであろう。世界経済危機が薄れつつあると期待されるなか，名乗りをあげた金融機関が多少なりとも増えているのは，まさにこのことを証明していると思われる。

第2章 金融機関への公的資金注入は信用収縮を回避できるか
付録2−1 金融機関の貸出行動モデル

名　　前	単　位	定　　　義
【有価証券残高の関係式】		
□　　有価証券残高	JPY	3000⟨⟨JPY⟩⟩
⇨　　有価証券・増加	JPY/PERIOD	(景気変動＋金融機関)＊有価証券残高/TIMESTEP
【自己資本と公的資金の関係式】		
□　　自己資本	JPY	1000⟨⟨JPY⟩⟩
⇨　　自己資本・増加	JPY/PERIOD	貸出・増加´＋´有価証券・増加
⇨　　公的資金	JPY/PERIOD	−DELAYPPL(公的資金の決定,政策のラグ,0)＊貸出態度＊自己資本/TIMESTEP
◆　　公的資金の決定		0 or 1
【貸出残高の関係式】		
□　　貸出残高	JPY	7000⟨⟨JPY⟩⟩
⇨　　貸出・増加	JPY/PERIOD	(DELAYPPL(景気変動,景気変動のラグ,0)＋金融機関)＊貸出残高/TIMESTEP
【信用収縮残高の関係式】		
□　　信用収縮残高	JPY	0⟨⟨JPY⟩⟩
⇨　　信用収縮・増加	JPY/PERIOD	−DELAYPPL(1−金融行政の指導,政策のラグ,1)＊貸出態度＊貸出残高/TIMESTEP
【貸出・累積損益の関係式】		
□　　貸出・累積損益	JPY	0⟨⟨JPY⟩⟩
⇨　　貸出・損益	JPY/PERIOD	貸出・増加
【金融機関の収益に影響を与える要因】		
○　　景気変動	％	NORMAL(平均,標準偏差,0)
◆　　平　　均	％	−0.09⟨⟨％⟩⟩
◆　　標準偏差	％	0.1⟨⟨％⟩⟩
◆　　景気変動のラグ	PERIOD	10⟨⟨PERIOD⟩⟩
◆　　金融機関	％	0.01⟨⟨％⟩⟩
【自己資本比率の関係式】		
○　　自己資本比率	％	自己資本/TIMESTEP/(貸出残高/TIMESTEP＋有価証券残高/TIMESTEP)
○　　貸出態度	％	MIN(自己資本比率−0.1,0)
◆　　政策のラグ	PERIOD	20⟨⟨PERIOD⟩⟩
◆　　金融行政の指導		0 or 1

第3章

中小企業等金融円滑化法が金融機関と日本経済に及ぼす影響

第3章

第3章　中小企業等金融円滑化法が金融機関と日本経済に及ぼす影響

第1節　金融円滑化法とそれに絡む諸問題

(1) リーマン・ショックの影響

　2009年9月16日，長期にわたって君臨した自民党政権に代わり，脱官僚依存を目指す鳩山由紀夫内閣がついに発足した。1993年の細川護熙政権から数えると，16年ぶりの非自民政権である。新内閣は総選挙で掲げたマニフェストを実現させるため，民主党を中心に社会民主党，国民新党も加わった強力な3党連立政権として出発した。

　発足後，すぐに動き出したのが国民新党の党首である亀井静香・郵政・金融担当大臣であった。中小企業や個人を対象とした借入金の一時的な返済猶予を可能とする「返済猶予関連法案」を同年10月に召集される臨時国会に提出する意思を明確に表明したからである。

　当時，リーマン・ショックの影響から金融機関の財務内容が急激に悪化し，貸し渋り・貸し剥がし問題がにわかに騒がれていた。金融機関からの一方的な貸出抑制行動をそのまま受け入れれば，借手である中小企業はそのまま倒産し，サラリーマンは自己破産に追い込まれてしまう。そこで，借入資金の返済を和らげようと金融機関への元利支払いを強制的に止めることを法律で制度化しようとしたのである。

　亀井氏の当初案では借金の返済を一律，3年程度猶予する制度を考えていたようである。その意味するところは国が私的取引に強権的に介入するかのような内容で，借手が要求すれば金融機関はそれに応じなければならないといった強制的なニュアンスが漂っていた。そのため，マスコミではモラトリアム法案あるいは平成の徳政令と呼んでいた。

　もちろん，全国銀行協会の永易克典会長は記者会見で「自由主義経済のもとで一律的，長期にわたるモラトリアムは発動された例がない」と指摘し，亀井氏の案を真っ向から批判した。与党3党は「貸し渋り・貸し剥がし防止法」を成立させることで合意していたが，それはあくまでも金融機関の努力規定の範

疇にあり，亀井氏のような強制的なものでは決してなかった。

　もし亀井氏の案が当初のまま実行されれば，金融機関の貸倒コストは膨大なものになり，経営そのものがかなり不安定なものになる恐れがある。そのことは株式市場を見ても明らかであった。その年の10月初めの東京証券取引所第1部では年初来安値を更新した銘柄が80を超え，そのうち4分の1に当たる19銘柄が地方銀行であった。

　大手銀行は安値更新に至らなかったが，株価は確実に下がっていった。債務返済の新たな猶予制度が金融システムを不安定にするという懸念が株式市場の先行きの不透明感をさらに深めていったのである。

(2)　金融円滑化法の中身

　市場規律を乱す法案であると多くの反対意見が金融界だけでなくマスコミからも出されたが，2009年11月20日，ついに中小企業や住宅ローン利用者を対象にした「中小企業等金融円滑化法案」（「中小企業者等に対する金融の円滑化を図るための臨時措置に関する法律案」，以下では「金融円滑化法」）が野党・自民党からの猛烈な反対があったにもかかわらず，衆院本会議で強硬採決され，強引に可決された。そして，法案は参院へ送られ，同年11月30日に成立した。

　だが，成立した法案は亀井氏が当初に打ち出した内容とかなり違っていた。法案を見ると，「金融機関は，中小企業者に対する信用供与については，当該中小企業者の特性及びその事業の状況を勘案しつつ，できる限り，柔軟にこれを行うよう努めるものとする」（第3条）となっている。

　さらに，「金融機関は，当該金融機関に対し住宅資金の貸付けに係る債務を有する住宅資金借入者であって，当該債務の弁済に支障を生じており，又は生じる恐れのあるものから当該債務の弁済に係る負担の軽減の申込みがあった場合には，当該住宅資金借入者の財産及び収入の状況を勘案しつつ，できる限り，当該貸付けの条件の変更，旧債の借換え等を行うよう努めるものとする」（第5条）と定めている。

　すなわち，金融機関は借手からの返済猶予，金利減免，返済期限の延長など

第3章　中小企業等金融円滑化法が金融機関と日本経済に及ぼす影響

の要請に「できる限り」応じるという「努力義務」が課されたのである。決して当初に騒がれたような「強制的」に借手からの要請を受け入れなければならないものではなかった。あくまでも金融機関の自主的な判断に任されることになった。

　亀井氏の当初案では強権的に返済猶予を金融機関に強いるようなイメージがあったが，実際に成立した法案はそうした強制的なニュアンスはなく，あくまでも金融機関の自主的な判断に任せるという常識的な金融取引の範疇に収まっていった。モラトリアムあるいは徳政令といったマスコミで騒がれた言葉とはまったく違った内容の法案になっていた。亀井氏から見れば肝心要の部分が抜け落ちた，まさに画竜点睛を欠く法案に感じられたと思われる。

　そのままでは法案の意味が薄れ実効性に疑問が生じるので，それぞれの金融機関の取組状況を開示するように定めている。銀行は3か月ごとに，銀行以外の金融機関は6か月ごとに返済猶予，金利の減免，返済期限の延長，債権放棄など，条件変更に応じた件数や金額を報告し，それを公開することが義務づけられている（第8条）。

　しかも虚偽の開示や報告が行われた場合，1年以下の懲役あるいは300万円以下の罰金が課せられる。こうした措置が組み込まれることで，金融機関は正確な情報を提供しなければならないようになっている。

　また，適用期間は当初よりも短縮され，2011年3月末とされた。最初の案では3年程度にするように考えられていたが，かなり短く設定されたことになる。ただ，延長も可能であるため，金融機関にとっては気が抜けない要件でもあった（附則第2条）。

(3)　法案が抱えるリスク

　こうして亀井氏がはじめに描いたようなものではなかったが，この法案が可決したことで金融機関は中小企業やサラリーマンからの支払い延期の要求にある程度，応じなければならない環境が整ったことは事実であった。世界的な経済危機の影響を受け，金融機関は財務内容が傷んでいたが，それでも彼らから

返済猶予の請求があれば一方的に断るわけにはいかなくなった。

　金融機関にとって経営を不安定にさせる法案であったが，借手から見れば好ましい法案のように見えたであろう。なぜなら，この法案が成立したことで，中小企業の倒産やサラリーマンの破綻を回避できると思われたからである。

　確かに金融機関が融資を継続させれば中小企業もサラリーマンもいままでと同様に事業や生活を続けることができる。それは個別の企業や個人を救うだけでなく，日本経済そのものを経済危機から回避できるようにも見える。だからこそ，政権交代を果たしたばかりの民主党だけでなく，社会民主党や国民新党，そして共産党も過去の政権ではあり得ないような法案を支持したのであろう。

　だが，融資の基本原則に立って冷静に考えれば，金融円滑化法は強制から努力義務に変更になったとしても危険な要素を秘めていることには変わりない。本来ならば貸出の継続が難しくなった債権を無理に保有し続ければ，金融機関は貸倒引当金の積み増しから自己資本が細り，新規の資金が供給しにくくなるからである。

　金融庁もそのことを懸念してか，この法律を適用するにあたって「金融検査マニュアル」を改訂し，中小企業が返済猶予を受けても長期的な再生計画が認められれば不良債権として分類されない仕組みを導入している。これにより貸倒引当金の積み増しによる信用収縮が阻止できると考えているようである。

　しかし，そのような制度上の変更を試みても，金融機関が抱える貸倒リスクは確実に高まっていく。いずれ貸倒リスクが現実のものになれば新規の貸出が細るだけでなく，最悪の場合，金融機関自身が破綻し金融システムそのものが機能しなくなる。そうした不安は金融実務家だけでなく，ある程度の金融の知識を持つ者ならば誰でもそのように感じたであろう。

(4)　厄介な問題──逆選択とモラルハザード

　金融検査マニュアルの改訂で本来の貸倒リスクを正しく評価しないことにも無理があるが，逆選択やモラルハザードといった厄介な問題にも注意を払わなければならない。

第3章　中小企業等金融円滑化法が金融機関と日本経済に及ぼす影響

　金融円滑化法が成立しても返済する潜在能力を持った借手ならば，将来の金融機関との関係を考えて返済猶予を申し込もうとしないであろう。裏を返せば信用力にかなり問題のある借手しか金融機関に返済猶予を求めないと思われる。それゆえ，金融円滑化法はまさに逆選択問題を誘発させるような制度といえる。冷静に考えれば，金融機関の経営をますます悪化させる危険な法律であることがわかる。

　さらに政府は金融円滑化法の適用に合わせて信用保証制度のさらなる活用を促している。これにより金融機関は本来の審査機能や監視機能を十分に発揮する必要性が薄れ，たとえ返済猶予で焦げ付いても信用保証によって損失が回避できるので，次第に融資の基本をおろそかにする傾向が強まる。まさに金融取引で回避しなければならないモラルハザードが金融機関の経営に蔓延する恐れがある。

　確かに逆選択もモラルハザードも金融円滑化法に絡む深刻な問題として指摘できる。だが，根本的な問題はこの法律が金融取引で最も関心を払わなければならない貸倒リスクを軽視する姿勢そのものにある。それを改めない限り，いずれ金融機関の財務力を弱体化させ，日本経済を衰退させる方向へ歩ませることにつながる。

　そこで，本章ではこの法律が抱える危険な側面を金融機関から見たミクロ・モデルと日本経済から見たマクロ・モデルに分けながら明らかにしていきたい。これにより金融円滑化法の本当の姿が見えてくるであろう。

第2節　金融機関から見たミクロ・モデル

(1)　金融機関の貸出行動

　金融円滑化法が導入されることで金融機関はどのような影響を受けるであろうか。そのことを単純なミクロ・モデルから示していきたい。**図表3－1**はシステムダイナミックス・モデルのソフトである Powersim Studio 8 を用いて描かれたものである。そこでは低リスクの借手を対象にした貸出市場と高リス

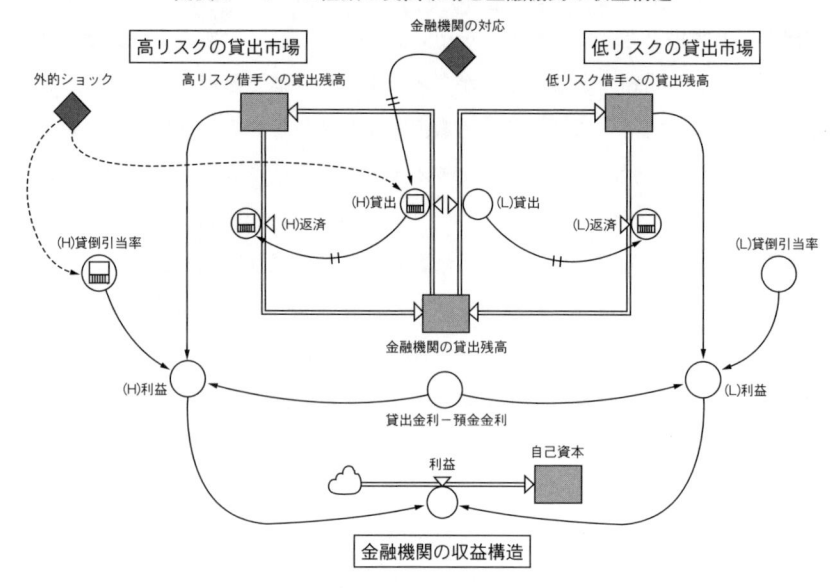

図表3-1　2種類の貸出市場と金融機関の収益構造

クの借手を対象にした貸出市場の2種類が設定されている。

　なお，モデルを展開するうえで必要なレベル変数やフロー変数に関する性質や定数などについては「付録3-1」を参照してもらいたい。ここでは詳細な説明を割愛し，モデルの枠組みや論理の流れだけを追っていくことに集中したい。

　このモデルでいう「**低リスクの貸出市場**」とは信用リスクの低い借手が集まった市場であり，金融機関は貸出にあたって「**(L)貸倒引当率**」を低い状態のまま維持できる。それに対して「**高リスクの貸出市場**」では「**(H)貸倒引当率**」を高くせざるを得ない。そうすると，金融機関の「**利益**」は「**貸出金利－預金金利**」から「**貸倒引当率**」を差し引いた値によって決定づけられるので，低リスクの貸出市場では「**(L)利益**」を生み出すが，高リスクの貸出市場では「**(H)利益**」が薄くなるばかりか，赤字になる可能性も出てくる。

　そのことを図で示されたフロー変数とレベル変数を追いながら確認していくことにしたい。まず，低リスクの貸出市場から見ていこう。金融機関は低リス

第3章 中小企業等金融円滑化法が金融機関と日本経済に及ぼす影響

クの借手向けに「(L)貸出」を行い，それは「**低リスク借手への貸出残高**」として累積していく。そして，ある一定の期間が経過すると金融機関に向けて「(L)返済」が行われる。

金融機関は低リスクの借手だけが対象ではなく，高リスクの借手に対しても資金を流している。そのメカニズムは高リスクの借手向けの「(H)貸出」を通して「**高リスク借手への貸出残高**」として累積し，ある一定の期間が経過した段階で金融機関に対して「(H)返済」が行われ，資金が金融機関に戻ってくる。

この図で「**金融機関の貸出残高**」は低リスクの貸出市場と高リスクの貸出市場で行われた貸出残高の合計を示している。また，「**自己資本**」は2つの貸出市場から発生する(L)利益と(H)利益の合計である「**利益**」が積み重なったものである。したがって，利益が発生すれば自己資本は上昇し，逆に損失に転じれば自己資本は毀損し，その値は減少していく。

このように金融機関は高リスクと低リスクの2種類の貸出市場を通じて資金を流している。もちろん，最初から借手のリスクが正確に識別できれば金融機関にとって都合のよいことはない。現実は低リスクの借手と思って貸し出した後で，高リスクの借手であることがわかったりする。

したがって，このモデルでは0期から50期までは金融機関が低リスクの借手も高リスクの借手も同じ状態にあると判断していることから，貸倒引当率は2つの市場でまったく同じであると仮定している。しかし，「**外的ショック**」が発生する51期目以降では信用リスクが現実のものとなり，高リスクの借手と低リスクの借手がはっきりと識別され，金融機関はリスクに応じて異なった貸倒引当率を設定していくと想定している。

こうして外的ショックが発生する51期目からリスクの程度に応じて貸倒引当率は異なり，低リスクの借手に対してはいままでと変わらないが，高リスクの借手に対してはその期から高い貸倒引当率が課されている。そうした2種類の借手を対象にしながら，金融機関はそれぞれの貸出市場で資金を流していく。

(2) 金融機関の合理的行動

　金融機関は異なったリスクの借手に対して同時に貸出を行うが，このモデルでは51期目から金融機関を取り巻く経済・経営環境が急激に悪化すると仮定されている。低リスクの借手に向けた貸出はもともと安全な性格を持っているので貸倒引当率を維持したままでよいが，高リスクの借手に向けた貸出は経済・経営環境の悪化から一気にリスクが顕在化し，貸倒引当率を引き上げなければならない。

　この場合，モデルでは外的ショックを受けることで，高リスク借手向けの貸出額を減らすように転じるであろう。なぜなら，貸倒引当率を高く設定することで，貸出額を増やせばそれだけ利益が減る，あるいは損失が拡大するため，貸出額を減らさざるを得ないからである。それが「**金融機関の対応**」であり，51期目から「**(H)貸出**」を減らす動きに転じていく。

　そうした金融機関の貸出行動から生み出される利益の動きを0期から100期にわたってモデルから求めたものが**図表3－2の実線**である。利益は50期まで高水準を維持しているが，51期以降，高リスク向け借手から赤字が生じるため，金融機関の全体の利益はかなり低い水準に落ち込んでいく。

　それでも最終的に全体の利益が赤字に陥っていないのは，ひとつの要因として低リスク向け借手から利益を生み出しているからである。そして，もうひと

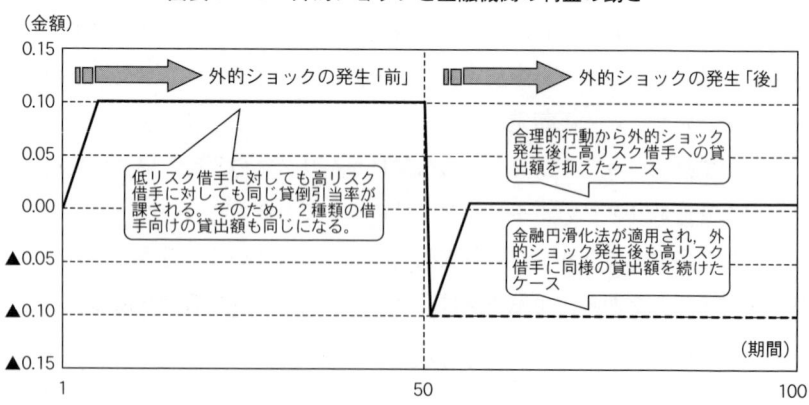

図表3－2　外的ショックと金融機関の利益の動き

（金額）

- 外的ショックの発生「前」／外的ショックの発生「後」
- 低リスク借手に対しても高リスク借手に対しても同じ貸倒引当率が課される。そのため，2種類の借手向けの貸出額も同じになる。
- 合理的行動から外的ショック発生後に高リスク借手への貸出額を抑えたケース
- 金融円滑化法が適用され，外的ショック発生後も高リスク借手に同様の貸出額を続けたケース

縦軸: 0.15, 0.10, 0.05, 0.00, ▲0.05, ▲0.10, ▲0.15
横軸（期間）: 1, 50, 100

第3章　中小企業等金融円滑化法が金融機関と日本経済に及ぼす影響

つの要因は高リスク向け借手への貸出を減らしているためである。高リスク向け借手への貸出からは赤字が生じるので，その影響を抑えるため貸出を減らすことで利益をできる限り維持しているのである。

2種類の借手を持った金融機関の利益についてその動きを追ったので，今度は自己資本について注目することにしよう。**図表3－3の実線**は利益の増減から生み出される自己資本の動きを描いたものである。外的ショックが発生する前の0期から50期にかけては利益が着実に積み上がっていくので，自己資本もそれに合わせて増大している。しかし，外的ショックが発生する51期目以降，利益をほとんど生み出していないため，自己資本はほぼ同じ水準を維持するような動きに転じている。

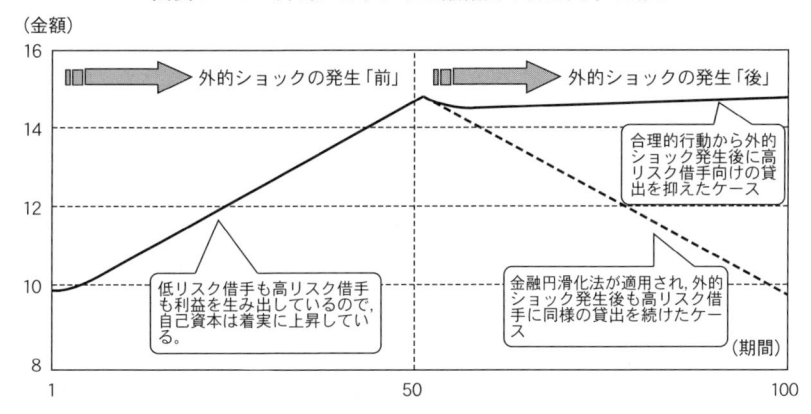

図表3－3　外的ショックと金融機関の自己資本の動き

（金額）

外的ショックの発生「前」　　外的ショックの発生「後」

合理的行動から外的ショック発生後に高リスク借手向けの貸出を抑えたケース

低リスク借手も高リスク借手も利益を生み出しているので，自己資本は着実に上昇している。

金融円滑化法が適用され，外的ショック発生後も高リスク借手に同様の貸出を続けたケース

（期間）

こうして金融機関は利益の最大化を目指す合理的行動から外的ショックの影響を最小限に食い止めるため，高リスク借手向けの貸出を抑えることで損失を回避し，その結果として自己資本を一定水準に保つことができるのである。

(3)　金融円滑化法が金融機関の財務力に及ぼすマイナスの影響

外的ショックが発生し貸出環境が悪化すれば，高リスク向け借手への貸出を抑えるのが金融機関として当然の行動である。ところが，政府の圧力のもとで成立した金融円滑化法が適用されれば金融機関の合理的行動は歪められ，貸出

63

行動に無理な制約が働くことになる。

　本来ならば，貸出を抑えなければならない領域でも政府の圧力から成立した法律に従わなければならないため，高リスク借手向けの貸出を外的ショック以前と同様に続けなければならない。

　そのようなことを継続すれば，貸倒引当率の上昇と貸出額の増大から損失が発生し，自己資本は減少し，最悪の場合，金融機関自身が破綻する恐れがある。そのことを同じモデルを使って数値例から明らかにしてみよう。

　図表３－２の点線は外的ショックの発生から経済・経営環境が悪化した51期目以降も金融機関は金融円滑化法のもとで高リスク借手に対して貸し渋りも貸し剥がしもせず，それ以前と同様に貸出を続けた場合の利益を描いたものである。これを見るとわかるように，外的ショックが発生した時点で利益はプラスからマイナスに転じている。

　これは高リスク借手向けに同じ規模の貸出を行うために，低リスク借手から得られる利益が打ち消されているからである。そのため，２種類の借手から得られる利益の合計は最終的に損失に転じてしまうのである。

　そうした貸出から生み出された損失は自己資本にも影響を及ぼす。**図表３－３の点線**は金融円滑化法が適用されたことで損失が発生した状態の自己資本の動きを追ったものである。これを見ればわかるように，自己資本が損失の発生とともに減り続けていることが確認できる。

　ここでは100期までしか利益も自己資本も描いていないが，それ以降の期間も追っていけば当然のことながら損失が続き，自己資本はゼロに限りなく近づいていく。それはまさに金融機関の破綻を意味する。

　金融円滑化法は資金繰りに苦しむ借手にとって救済策のように見えるかもしれない。しかし，このような借手は高リスクの体質を潜在的に持っているため，経済・経営環境が悪化した状況のもとでは金融機関が貸出を続ければ損失を被ることになる。

　本来ならば金融機関は借手のリスクを抱え込まないように危険な貸出債権を切り離さなければならない。それが本来の金融機関の合理的行動である。だが，

第3章　中小企業等金融円滑化法が金融機関と日本経済に及ぼす影響

金融円滑化法によってそうした行動が難しくなるため，外的ショックの影響が薄れるまで金融機関の財務体質は悪化せざるを得なくなる。

結局，新しい法律の導入は借手のリスクを金融機関がそのまま抱える構造を無理に作り上げているように見える。信用リスクを冷静に識別し，リターンに見合う以上のリスクを負わないのが金融機関の行動である。だが，金融円滑化法はそうした本来の金融機関の姿を歪めるかのような行動を強いているようである。

第3節　日本経済から見たマクロ・モデル

(1)　マクロ・モデルのフレームワーク

金融円滑化法で無理に融資を続ければ金融機関の財務内容を悪化させる恐れがあることをミクロ・モデルから示してきた。この説明では金融機関が損失を被るだけで，ほかに悪影響を及ぼさないように見えるかもしれない。

世の中には金融機関が利益を得ることを極端に嫌い，こうした事態に陥っても中小企業やサラリーマンといった弱い立場にいる人たちを保護するほうが大切であると考える人も多い。実際，金融円滑化法はこうした弱者救済といった感情的な意見が支えになって成立したようにも感じる。

しかし，金融機関の財務内容が悪化すれば，いくつかのルートを通じて日本経済そのものを次第に悪化させる。その結果，一時的な資金の融通から救済されたかのように見える中小企業等も日本経済の悪化から本来の高リスクが現実のものとなり，いずれ危機的状況に追い込まれる恐れが現れてくる。しかも，そのような借手だけにとどまらず，一般の消費者や健全な企業にも時間が経過するにつれて深刻な影響をもたらす恐れがある。

それゆえ，金融円滑化法は貸手である金融機関の財務内容を単に悪化させるだけでなく，それが原因となってさらに一国の経済そのものを悪化させる危険な要素をはらんだ法律といえる。そのことを今度は簡単なマクロ・モデルから説明していくことにしたい。

図表3－4は経済主体である「**家計**」と「**企業**」の間に生じる資金の流れを描いたものであり，このマクロ・モデルに組み込まれた変数や定数の定義については「**付録3－2**」を参照してもらいたい。それを見ることで，変数の性質や定数の数値などモデルの具体的な姿を知ることができる。ここでは先ほどと同様に詳細なモデルの設定に関する説明は割愛し，論理の流れだけを追っていくことにする。

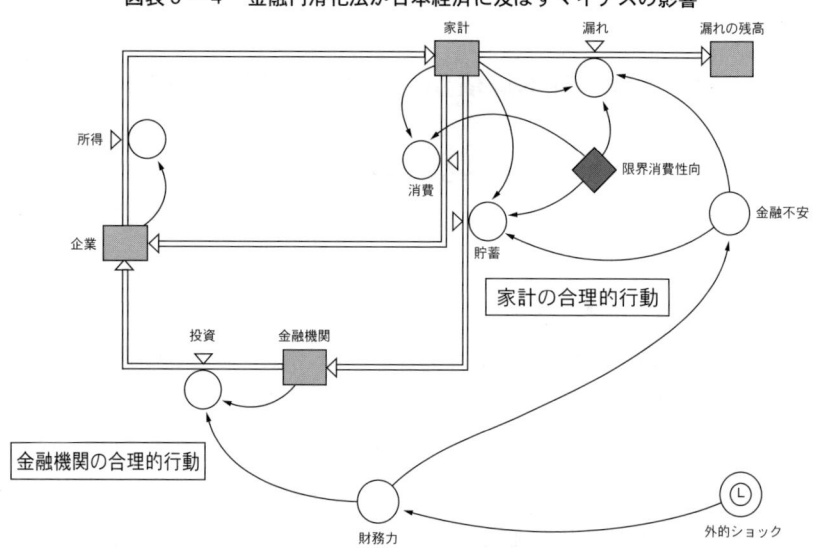

図表3－4　金融円滑化法が日本経済に及ぼすマイナスの影響

　まず，家計が得る「**所得**」のうち「**限界消費性向**」を掛けた資金が「**消費**」として企業に流れ，残りは「**貯蓄**」として「**金融機関**」に蓄積される。それは「**投資**」を行うための資金として金融機関を通じて企業に流れていく。

　だが，家計の消費以外の資金はすべて貯蓄として金融機関に流れるものではない。一部は「**漏れ**」が発生し，それは「**漏れの残高**」として蓄積されていく。消費にも金融機関にも流れていかないため，現金として保有されることになる。したがって，その資金は最終的に企業の投資に向かわないので，所得の創出には結びついていかないことになる。

(2) 金融円滑化法が日本経済に及ぼすマイナスの影響

　こうしたマクロ・モデルのなかで金融円滑化法の影響を考えていくと，それがマクロ経済に及ぼすマイナスの影響として2つの効果が考えられる。ひとつは金融機関の貸出行動を通した効果であり，もうひとつは家計の貯蓄行動を通した効果である。これら2つの効果は相互に関連し合いながら，ともに一国の所得水準を引き下げる方向に作用すると予想される。

　このモデルではリーマン・ショックのような「**外的ショック**」が発生すると，金融円滑化法がすぐに実施されると仮定される。これにより金融機関はリスクが顕在化した高リスクな借手に対して貸し渋りや貸し剥がしができにくくなるので，いままでと同様に貸出を続けていかざるを得なくなる。

　その結果，貸倒引当率の大幅な上昇から損失が発生し，金融機関の「**財務力**」が自己資本の毀損から急激に低下してしまう。そのため，従来ならば新規投資に対して貸出できるようなケースでも，金融機関の合理的な行動として十分なだけの資金を流すことが難しくなる。それが第1のマイナスの効果であり，新規投資を抑えることで一国の所得水準は下がってしまうことになる。

　また，金融機関の財務力が弱まると，家計は「**金融不安**」を感じるため，大切な資金を貯蓄として金融機関にすべて預けることをためらうようになる。金融機関が破綻すれば自分たちが蓄えた資金が戻ってこなくなると考えるからである。そうすると，資金の一部を現金の形で保有しようとする。

　それが家計による「**漏れ**」であり，外的ショックが発生し，金融円滑化法の施行で金融機関の財務力が弱まれば，家計による「**漏れの残高**」は増大する。それは金融機関に流れる資金量が細ることを意味するため，財務力の低下から金融機関が貸出に慎重になる第1の効果以外に貸出を減らす要因が作用することになる。これが第2のマイナスの効果であり，企業の投資が抑えられることから所得水準そのものを減少させる方向に動いていく。

　したがって，金融円滑化法が施行され，高リスクの借手に向けて無理に貸出を続ければ金融機関の財務力は低下し，そのことがいま説明した2つの効果からマクロ経済そのものを押し下げることにつながっていく。もちろん，所得水

準の減少はさらに金融機関による企業に向けた貸出を引き下げていくので，負のスパイラルを描いていくことになる。

　図表3－5はこのマクロ・モデルに従って先ほどと同様に51期目に外的ショックが発生した場合の消費，投資，そして所得の動きをシミュレーションしたものである。0期から50期までは消費が80，投資が20で，所得は100のままであるが，51期目以降，外的ショックと金融円滑化法の影響から金融機関の財務力が弱まり，2つのマイナスの効果を通して消費と投資が徐々に抑えられ，所得もそれに伴って減少していく姿が描かれている。

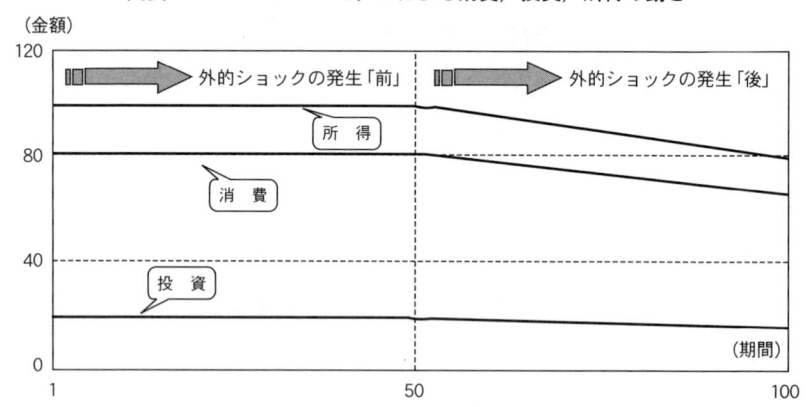

図表3－5　マクロ・モデルによる消費，投資，所得の動き

（金額）/（期間）。外的ショックの発生「前」（1～50期）では所得100，消費80，投資20で推移し，外的ショックの発生「後」（51～100期）では所得・消費が緩やかに低下していく。

　金融円滑化法は貸手である金融機関にとって本来引き上げなければならない債権をそのまま保有し続けるので，厄介な問題を引き起こす恐れがある。それは誰もが予想することである。だが，この問題は金融機関の経営といったミクロ・レベルにとどまらず，日本経済というマクロ・レベルにおいても深刻な影響をもたらす恐れがある。それはシミュレーションで確認したように所得水準そのものを引き下げる方向に作用する。

　こうしたマクロ・レベルの効果が実際に現れるのにどれだけの時間が掛かるのか等，曖昧な点もあるが，少なくともこの法律が適用されることで日本経済にマイナスの影響を及ぼす可能性は否定できないであろう。

第3章　中小企業等金融円滑化法が金融機関と日本経済に及ぼす影響

第4節　金融円滑化法の成果

(1)　高い返済猶予の実行率

　金融円滑化法が施行されて半年が経過した時点で，2010年3月末における金融機関による返済条件緩和の対応状況が金融庁によって発表された。それによると，中小企業からの条件緩和の申請件数は48万1,367件で，金融機関が応じたのは36万8,074件であった。

　それに対して金融機関が申請に応じなかった謝絶は6,417件であった。そのため，審査中や取り下げを除いた実質ベースによる条件緩和の実行率を求めると，98.3％という極めて高い数値が示された（日本経済新聞　2010年7月1日）。

　はじめに述べたように当初の案では金融機関が借手からの要請を受け入れなければならない強制的な内容のものであったが，最終的には努力義務に変更され，金融機関による自主的判断に任されることになった。そのため実行率が低くなるように思われたが，実際の数値を見る限りでは強制と同じような効果をもたらしたように感じられる。

　すでに前節のモデル分析でも試みたように金融機関がリスクの高い貸出債権を無理に保有し続ければ財務内容が悪化し，最悪の場合，破綻してしまう恐れがある。それは金融システムを不安定なものにさせるだけでなく，日本経済そのものを衰退させる危険をはらんでいる。

　特に中小企業向け融資は金融機関にとってリスクを抱える傾向が強い。それゆえ，十分な審査と監視が欠かせない。だが，金融円滑化法が実施されたことで，本来の金融機関の機能が十分に発揮しにくくなっている。

　ところが，幸運なことに金融機関による返済猶予の申請を受け入れる割合がかなり高いにもかかわらず，実際はモデルで展開したような悲惨な姿とは異なり，金融機関の財務力はそれほど弱まることはなく，日本経済もさらに悪化するような気配を示さなかった。

　こうした悲観的なモデルの帰結と現実が乖離した理由として様々な要因が指

摘できるかもしれないが，最も有力な説明としてリーマン・ショック直後に実施された政府による様々な景気対策の効果が徐々に浸透し，最悪の事態を回避できたことがあげられる。

その証拠に景気循環の動きを見ると，2009年3月が景気の谷に位置していることが内閣府によって発表されている。金融円滑化法が成立したのはそれから後の2009年11月である。それゆえ，日本経済が一時の不況期を脱し，徐々に景気が上向いていくなかで金融円滑化法が実施されたことになる。

リーマン・ショック直後の危機的な状況ならば焦げ付く恐れのあった貸出債権も時間の経過とともに信用リスクが薄まっていったようである。そのため，金融円滑化法のもとで借手からの返済猶予を断れないような状況のなかで高リスクと思われた貸出債権を抱えていても，金融機関は当初に描いたような悲劇的な結果にならずに済んだのである。

もし景気がほとんど改善されないまま，金融円滑化法が適用されていたならば，モデルで描かれたような最悪な状況が生み出されたであろう。その意味では今回の景気回復は緩慢で力強さに欠けながらも，金融円滑化法が持つ危険な要素を打ち消す重要な役割を果たしているといえる。

(2) 認識すべき潜在的リスク

多くの人にとって金融機関が資金繰りに困った借手を相手にしながら，その要求に快く応じる姿は好ましいように見えるかもしれない。金融円滑化法はまさにそれを無理やり実行させる法律である。だが，信用リスクの高い貸出債権を多く抱えれば金融機関はいずれ経営危機に直面する。そのことを如実に示す最近の事件として中小企業向け融資を専門にした新銀行東京と日本振興銀行の経営危機があげられる。

2行とも2004年に設立され，当時，最大の経済・社会問題であった中小企業の貸し渋り・貸し剥がし問題を解決するための新しいタイプの金融機関として出発した。経営陣も異色で，新銀行東京は経営トップにトヨタ自動車出身の仁司泰正氏を，そして日本振興銀行は金融庁顧問であった木村剛氏を就任させ，

第3章　中小企業等金融円滑化法が金融機関と日本経済に及ぼす影響

いままでにない斬新な経営を目指した。

　だが，不幸なことに多くの中小企業向け貸出が不良債権と化し，経営が大きく揺らいでいった。このうち日本振興銀行は破綻という最悪の事態を迎えてしまった。いかに中小企業を相手にした融資が難しいかを教えてくれた事例といえる。中小企業の場合，特に信用リスクを正確に評価し，それを管理する能力と努力が求められる。借手から求められれば，そのまま貸し出すわけにはいかないのである。それが金融機関のビジネスの根底にある。2行はその基本原則を忘れてしまったのである。

　金融円滑化法はそうしたリスクの評価と管理という金融機関が重視しなければならない業務をかなり緩める恐れがある。そのため，金融機関の経営が弱体化する危険をはらんでいる。しかしながら，現在のところ，この法律が施行された後もそれが原因で危機的状況に陥った金融機関は現れていない。また，先のモデルから得られた悲惨な姿とはまったく違い，金融機関の経営はほぼ安定している。

　これは単に景気回復という風が弱いながらもたまたま吹いたからに過ぎない。これにより金融円滑化法が抱える深刻な問題が見えなくなっているだけである。現状だけに目を奪われず，やはり，この法律が潜在的に持つ危険な側面を十分に認識しておく必要があろう。

付録3-1　2種類の貸出市場と金融機関の収益構造

名　　　前	単　位	定　　　義
【低リスクの貸出市場】		
□　低リスク借手への貸出残高	JPY	0⟨⟨JPY⟩⟩
⇨　(L)返　済	JPY/PERIOD	DELAYPPL((L)貸出, 5⟨⟨PERIOD⟩⟩, 0⟨⟨JPY/PERIOD⟩⟩)
⇨　(L)貸　出	JPY/PERIOD	10⟨⟨JPY/PERIOD⟩⟩
○　(L)貸倒引当率	％	0.1⟨⟨％⟩⟩
○　(L)利　益	JPY/PERIOD	(貸出金利－預金金利－(L)貸倒引当率)＊低リスク借手への貸出残高/TIMESTEP
【高リスクの貸出市場】		
□　高リスク借手への貸出残高	JPY	0⟨⟨JPY⟩⟩
⇨　(H)返　済	JPY/PERIOD	DELAYPPL((H)貸出, 5⟨⟨PERIOD⟩⟩, 0⟨⟨JPY/PERIOD⟩⟩)
⇨　(H)貸　出	JPY/PERIOD	DELAYPPL(金融機関の対応, 外的ショック, 10⟨⟨JPY/PERIOD⟩⟩)
○　(H)貸倒引当率	％	DELAYPPL(0.5⟨⟨％⟩⟩, 外的ショック, 0.1⟨⟨％⟩⟩)
○　(H)利　益	JPY/PERIOD	(貸出金利－預金金利－(H)貸倒引当率)＊高リスク借手への貸出残高/TIMESTEP
【金融機関の収益構造】		
□　金融機関の貸出残高	JPY	100⟨⟨JPY⟩⟩
□　自己資本	JPY	10⟨⟨JPY⟩⟩
⇨　利　益	JPY/PERIOD	(H)利益＋(L)利益
○　貸出金利－預金金利	％	0.2⟨⟨％⟩⟩
◆　金融機関の対応	JPY/PERIOD	3⟨⟨JPY/PERIOD⟩⟩
◆　外的ショック	PERIOD	50⟨⟨PERIOD⟩⟩

第3章　中小企業等金融円滑化法が金融機関と日本経済に及ぼす影響

付録3－2　家計と金融機関の合理的行動

名　　前	単　　位	定　　義
【家計の合理的行動】		
□　家　　計	JPY	100⟨⟨JPY⟩⟩
□　漏れの残高	JPY	0⟨⟨JPY⟩⟩
⇨　消　　費	JPY/PERIOD	家計/TIMESTEP＊消費性向
⇨　貯　　蓄	JPY/PERIOD	家計/TIMESTEP＊(1－消費性向)＊(1－金融不安)
⇨　漏　　れ	JPY/PERIOD	家計/TIMESTEP＊(1－消費性向)＊金融不安
◆　限界消費性向		0.8
【金融機関の合理的行動】		
□　金融機関	JPY	20⟨⟨JPY⟩⟩
□　企　　業	JPY	100⟨⟨JPY⟩⟩
⇨　所　　得	JPY/PERIOD	企業/TIMESTEP
⇨　投　　資	JPY/PERIOD	金融機関/TIMESTEP＊財務力
○　金融不安		1－財務力
○　財 務 力		1－外的ショック
○　外的ショック		STEP(0.05, STARTTIME＋50⟨⟨PERIOD⟩⟩)

第4章

大和生命の経営破綻と生保の株式会社化

第4章　大和生命の経営破綻と生保の株式会社化

第1節　大和生命の株式会社化

(1) 大和生命の経営破綻

　いままで金融機関の貸出行動について注目してきたので，今度は機関投資家のひとつである生保会社に目を向けることにしよう。わが国の生保業界では1997年4月に日産生命による戦後初の生保破綻が起きてから，たった4年間で7つの生保会社が瞬く間に消えていった。2001年3月に破綻した東京生命は戦後7番目の生保破綻であった。

　バブル崩壊後の長引く超低金利から運用利回りは予定利率を下回り，逆ざやの発生から経営体力の弱い生保会社から次々と倒れていった。それが日産，東邦，第百，大正，千代田，協栄，東京の7つの破綻生保会社であった。しかし，その後，金利は徐々に上向き，株価も上昇し，財務内容が改善の兆しを見せたため，生保危機は去ったかのように思えた。

　ところが，2008年10月10日，中堅生保の大和生命が突如として破綻した。7年ぶり，8番目の生保破綻である。もともと経営内容が良好な生保会社ではなかったが，破綻のきっかけになったのは2007年秋に顕在化した米国発のサブプライムローン問題であった。

　これにより大和生命は保有する資産の多くを傷つけてしまった。そして，破綻に直結する最終的な打撃を与えたのは2008年9月のリーマン・ショックであった。運用環境の急激な悪化から保有する有価証券の価値が急落し，一気に債務超過状態に陥ってしまったのである。

　もちろん，ほかの生保会社もリーマン・ショックの影響を受け，財務内容が悪化している。**図表4－1**はそのことを確認するために，主要生保9社の2009年3月期決算から4種類の収益性指標と2種類の健全性指標を取り出したものである。どの指標を見ても対前年度と比較して大幅に下落していることがわかる。だが，ショックの影響は確認できるものの，破綻に至るほど深刻な状況ではなかった。

図表 4 - 1　主要生保会社の経営指標（2009年 3 月期）

		(1) 収益性指標						(2) 健全性指標			ソルベンシーマージン比率	
		基礎利益		有価証券等関連損益	利差損益	最終損益		実質純資産				
			増減率				増減率		増減率			増減幅
日	本	5,398	▲15.3	▲7,440	▲400	1,815	▲34.3	53,137	▲41.3		904.4	▲252.4
第	一	3,181	▲28.4	▲6,196	▲649	844	▲34.1	27,037	▲42.0		768.1	▲242.5
明治安田		3,293	▲20.8	▲3,536	▲688	1,222	▲25.1	29,035	▲36.0		1,098.7	▲215.4
住	友	1,485	▲37.6	▲2,530	▲1,031	1,064	18.3	15,333	▲32.5		837.2	▲193.5
T&D	大同	▲312	－	▲914	▲1,298	▲520	－	4,479	▲42.4		823.4	▲272.9
	太陽	450	▲15.2	▲1,336	▲202	▲155	－	3,304	▲49.9		866.4	▲134.2
富	国	755	▲17.5	▲821	▲116	548	19.4	5,161	▲34.3		1,008.4	▲138.5
三	井	▲1,084	－	▲1,394	▲1,552	▲1,798	－	3,006	▲46.8		602.0	▲94.1
朝	日	327	▲24.3	▲2,036	▲879	▲1,841	－	2,249	▲52.4		583.1	▲91.0

（注1）　単位：億円，％　増減率（％）は前年同期比，ソルベンシーマージン比率（％）のみ増減幅を示す。▲はマイナス，－は比較不能を意味する。
（注2）　第一，富国は関連生保合算の数値を示す。

　生保会社のなかで大和生命だけが悲劇的な結果に至ったのは，ハイリスク・ハイリターンの運用に走ったためである。ハイリターンを目指した積極的運用であったが，環境が激変したためにハイリスクが顕在化し，巨額損失が発生してしまったのである。

(2)　生保会社の組織形態

　確かに大和生命はほかの生保会社に見られないようなハイリスク・ハイリターンの資産運用に走り，その行動が裏目に出たために破綻したのは事実である。だが，ここで注目したいのは大和生命の組織形態である。
　わが国の主要生保の多くは相互扶助の精神に基づく相互会社であり，それは保険業界だけに認められた特殊な組織形態である。大和生命も以前は相互会社であった。
　ところが，大和生命保険相互会社は2000年 8 月に破綻した大正生命の受け皿

第4章　大和生命の経営破綻と生保の株式会社化

会社であるあざみ生命保険株式会社と合併し，2002年4月には大和生命保険株式会社として出発した。大和生命による株式会社・生保の誕生である。当時，生保の株式会社化として話題になった合併会社でもあった。

　株式会社は資金調達の面で優れているうえ，M＆A（合併・買収）戦略が展開できるメリットがある。少子高齢化社会の到来で縮小する生保市場を考えれば，厳しい経営環境を打破する即効薬として株式会社化は有効な手段として注目されている。

　その一方で，株式会社化は危険な側面も兼ね備えている。相互会社ならば，リスクを冒してまで契約者に負担を強いるような無謀な経営を繰り広げにくい性格を持っている。そのため，収益よりも安全を重視する傾向が強い。

　だが，株式会社ならば，利益の最大化を求める株主の意向がそのまま経営に反映されるため，ハイリスク・ハイリターンな経営に向かう恐れがある。また，破綻のリスクがあってもそのまま危険な行動を推し進める力も作用する恐れがある。大和生命はまさに株式会社化のデメリットがそのまま資産運用に反映された結果，不幸なことに破綻に至ったように見える。

　そこで，次に大和生命の過度に危険な資産運用を紹介しながら，生保会社の株式会社化について考えていくことにしたい。分析の進め方として，本章の前半では株式会社化が実行されてからの大和生命の財務内容をチェックする。これにより破綻に至るまでの状況を見ながら，株式会社とリスクの関係がある程度，成り立っていることを確認する。また，たった1社だけの事例では不十分なので，生保業界全体のデータからもこの関係を見出していく。

　そうすると，この関係を単純に解釈すれば，株式会社化は生保会社にとって好ましい制度とはいえないかもしれない。しかし，ハイリスク・ハイリターンの経営姿勢は成長を生み出すメリットも兼ね備えている。そこで，後半ではシステムダイナミックスのソフトを用いながら，そうした株式会社化のメリットを組み入れたモデルを構築し，株式会社・生保と相互会社・生保の業績の違いを表現してみたい。

　ところで，大和生命の経営破綻から何を教訓として得たかは人によって違う

であろう。行き過ぎた経営は抑制させなければならず，リスクを推し進める性格を持った株式会社化は批判の的に晒されるかもしれない。しかし，わが国の生保市場が縮小するなかで新しい動きを期待するには，生保会社自身が内部から新しい領域に向かって動き始めなければならない。

　まさに株式会社化が持つメリットを十分に活かさなければならない時代に差し掛かっている。それゆえ，本章では株式会社化のデメリットを大和生命の経営破綻を通して紹介しながらも，長期的に見れば株式会社化は魅力的な制度であることを導いていきたい。

第2節　大和生命の財務分析

(1) ハイリスク・ハイリターンな資産運用

　生保会社の組織形態を大別すると，相互会社・生保と株式会社・生保に分けられる。このうち相互会社組織のもとでは契約者（社員）は顧客であるとともに，総代会を通して会社の運営に関与できる仕組みになっている。もし経営者が危険な方向へ走ろうとすれば，契約者は経営の転換を促し，危険な行動を阻止することも可能である。

　それに対して株式会社組織では株主と顧客は別であり，顧客は経営に関与する存在ではない。株主が株主総会を通して経営の方向を決定づけることになる。しかも，株主は自分自身が投資した資金からできるだけ多くの収益を生み出すことを経営者に強く要求する。

　もちろん，ハイリターンを求めればハイリスクも伴うので，経営者を通じて最大の収益を目指す株主はハイリスクも十分に承知しているはずである。そのため，株主はハイリスク・ハイリターンの経営を要求する傾向が強い。

　また，たとえ最悪な結果を迎え破綻したとしても，株主は投資した資金が回収できないだけで，それ以上の資金が要求されるわけではない。株式会社の特徴のひとつである有限責任制は，株主が顧客の利益に反するかのような危険な行動を経営者に強く求める恐れがある。

第4章 大和生命の経営破綻と生保の株式会社化

しかし,相互会社ならば,契約者は顧客であるとともに経営に関与できる存在でもある。また,破綻すれば保険金や給付金は契約時に約束された金額から大幅に削減されるため,危険な行動を自ら進んで取るような誘因は少ないであろう。

こうして見ていくとわかるように,生保会社の場合,相互会社か,又は株式会社か,という組織形態の相違は経営行動に影響をもたらし,その特徴として株式会社・生保は相互会社・生保よりもハイリスク・ハイリターンの経営行動を取る傾向が強いと推測できる。

そうした生保会社の組織形態と危険負担の関係が如実な形で現れたように見えたのが大和生命の経営破綻であった。株式会社に組織変更した大和生命はほかの生保会社に比べてリスキーな資産運用に向かっていったからである。**図表4-2**は大和生命が株式会社化を果たした2002年度から破綻直前の2007年度ま

図表4-2 大和生命の資産運用の推移

	総資産	有価証券	公社債	株式	外国証券	貸付金	不動産・動産
2002年度	322,046	205,528	119,965	23,831	38,924	66,914	25,940
		(63.8%)	(37.3%)	(7.4%)	(12.1%)	(20.8%)	(8.1%)
2003年度	307,891	203,753	89,432	39,245	46,534	57,334	25,995
		(66.2%)	(29.0%)	(12.7%)	(15.1%)	(18.6%)	(8.4%)
2004年度	297,886	205,373	82,811	39,486	52,317	47,838	24,796
		(68.9%)	(27.8%)	(13.3%)	(17.6%)	(16.1%)	(8.3%)
2005年度	304,191	220,666	82,531	55,214	59,216	35,520	16,907
		(72.5%)	(27.1%)	(18.2%)	(19.5%)	(11.7%)	(5.6%)
2006年度	300,029	227,288	78,378	52,695	70,861	28,572	16,415
		(75.8%)	(26.1%)	(17.6%)	(23.6%)	(9.5%)	(5.5%)
2007年度	283,150	177,202	51,295	41,398	67,634	27,165	13,619
		(62.6%)	(18.1%)	(14.6%)	(23.9%)	(9.6%)	(4.8%)

(注) 単位:百万円,%

でを対象にしながら，資産運用の動きを追ったものである。

　この表を見ると，すぐに気づくように有価証券の割合が高く，70％前後である。それに対して貸付金の割合は20％から一桁台にまで落ちている。また，不動産・動産の割合も一桁台で，しかも低下傾向にある。

　わが国の生保会社は1960年代の高度成長期にあった頃は貸付金が最も大きな割合を占めていたが，いまでは有価証券が最大の投資対象となり，両者は逆転している。そうした生保業界の資産運用上の特徴は大和生命にも当てはまっていた。

　だが，大和生命がほかの生保会社と異なっていたのは有価証券の中身であった。この表では公社債，株式，外国証券の3種類に分類しているが，これを見ると，安全性がやや高いと思われる公社債の割合が低下しているのに対して，リスキーな投資対象である株式と外国証券の割合は上昇傾向にある。

　株式は価格変動リスクを抱えた典型的な資産であり，保有する株式の価値が上昇すれば含み益が形成されるが，下落すれば含み損が生じる。また，外国証券は価格変動リスクのほかに為替変動リスクも伴う。そのため，為替相場が円安になれば含み益が発生するが，逆に円高に振れると含み損が発生する。そうした株価や為替相場の変動に晒される不安定な資産運用に向かったのが大和生命であった。

(2)　大和生命の財務内容

　株式や外国証券という大雑把な括りだけでもリスクの高い運用であることが窺えるが，中身をさらに細かく見ていくと，さらにハイリスクな運用であることがわかる。なぜなら，株式投資信託や不動産投資信託，そしてデリバティブや仕組み債など複雑な金融商品への投資がかなりの割合を占めていたからである。まさにハイリスク・ハイリターンの投資姿勢を貫いていた。

　大和生命の平均予定利率は3.35％と高く，それを達成するために積極的な運用を繰り広げていたのである。だが，それは本質的な説明とはいえないであろう。そうした運用姿勢を後押ししたのは経営そのものがリスクを恐れない方向

第4章 大和生命の経営破綻と生保の株式会社化

へ進んでいったからである。

そのことを裏付ける材料として経営者の存在が指摘できる。経営トップに君臨する社長は生保業界出身の人物ではなく，異色の元大手証券会社の出身者であった。保険業界と証券業界では企業風土をはじめとして経営に対する姿勢などまったく違っている。それにもかかわらず，証券業界出身の人物がトップに立ったために，リスキーな経営方針に転じたように思われる。

その結果が明確な形で現れたのがリーマン・ショックに端を発する世界的な経済危機であった。大和生命はその影響をもろに受け，変動リスクを有する有価証券の急激な損失の拡大から破綻に追い込まれていったのである。

図表4－3は大和生命が株式会社化を果たしてからの6年間にわたる財務内容の姿を決算から抜き取ったものである。この表では有価証券含み損益，収益性指標，健全性指標がまとめられている。有価証券含み損益から見ていくと，株式と外国証券の含み益が年度を重ねるにつれて急激に膨れ上がっていったことがわかる。しかし，破綻する直前の2007年度には大幅な含み損に転じている。

図表4－3 大和生命の財務内容の推移

	(1) 有価証券含み損益			(2) 収益性指標			(3) 健全性指標	
	公社債	株式	外国証券	基礎利益	経常利益	当期純剰余	実質純資産	SM比率
2002年度	9,303	▲7,165	▲1,261	▲1,836	354	▲306	192	406.4
2003年度	2,995	3,606	▲744	▲4,226	811	926	246	489.7
2004年度	3,476	2,655	22	▲4,435	177	51	275	523.5
2005年度	1,212	10,318	2,035	4,946	4,382	1,617	438	740.7
2006年度	1,891	9,049	3,864	3,489	2,766	1,592	511	836.2
2007年度	478	▲4,571	▲4,513	2,504	▲1,728	793	163	555.4

（注） ▲はマイナス，SM比率はソルベンシーマージン比率（％）。単位は百万円，ただし実質純資産は億円。

サブプライムローン問題が発生する2007年秋までは株価も為替相場(米ドル／円)も上昇傾向にあったので，株式も外国証券も着実に含み益が形成されていった。しかし，その後，相場は軟化し，翌年9月以降はリーマン・ショック

の影響で運用環境が想定外の悪化に陥り，巨額の含み損に転じたのである。

　こうした有価証券含み損益の変動は大和生命の収益性指標や健全性指標にも影響を及ぼしている。先ほどの**図表4－3**では収益性指標として基礎利益，経常利益，当期純利益の3つの数値が並べられていたが，これらを見ると，有価証券の含み益を膨らませていた時期ではどの種類の利益も拡大している。しかし，サブプライムローン問題が起きてからはどの利益もしぼんでいることがわかる。

　同様の動きは健全性指標である実質純資産やソルベンシーマージン（ＳＭ）比率にも見られている。**図表4－3**ではこれらの数値も載せているが，有価証券の含み益が拡大するにつれて健全性指標も改善し，逆に有価証券が含み損に転じると，この指標も悪化している。

　大和生命は積極的な経営姿勢を背景としながら，生保商品を魅力的なものにするため，高い予定利率を課し，ハイリスク・ハイリターンの運用に傾斜していった。その結果，有価証券の含み損益によって経営そのものが大きく左右される運用体制を築いてしまった。そのことが最終的に命取りになったと分析できる。

(3) 保険金・給付金の大幅な削減

　大和生命は勇猛果敢な積極的運用で臨んだにもかかわらず，成果が裏目に出たことから財務内容が急激に悪化し，破綻してしまった。その結果，643億円の債務超過額が発生した。それを埋め合わせるため，生命保険契約者保護機構から278億円の資金援助を受けたが，これだけでは不十分である。

　そこで，過去に破綻した生保会社と同様に予定利率を引き下げ，責任準備金も削減しなければならなかった。**図表4－4**は破綻生保8社の最終処理策を整理したものである。大和生命の場合，新予定利率は1％であり，責任準備金削減率は最大の10％である。過去の破綻事例から見ても厳しい措置が打ち出されたことがわかる。

　当然，それらの措置は顧客である契約者の負担という形で跳ね返ってくる。

第4章 大和生命の経営破綻と生保の株式会社化

図表4-4 破綻生保8社の最終処理策

	日産生命	東邦生命	第百生命	大正生命	千代田生命	協栄生命	東京生命	大和生命
破綻時点	1997年4月	1999年6月	2000年5月	2000年8月	2000年10月	2000年10月	2001年3月	2008年10月
債務超過額	3,222億円	6,500億円	3,200億円	365億円	5,975億円	6,895億円	731億円	643億円
資金援助額	2,000億円	3,663億円	1,450億円	267億円	なし	なし	なし	278億円
新予定利率	2.75%	1.50%	1.00%	1.00%	1.50%	1.75%	2.60%	1.00%
責任準備金削減率	削減なし	10%削減	10%削減	10%削減	10%削減	8%削減	削減なし	10%削減

(資料) 小藤康夫著『生保危機の本質』(2001年) 参照。

図表4-5は大和生命の保険金・年金額の変更モデルを示したものである。ここでは保険商品の削減率が契約年度と年齢に分けて整理されている。

これを見ると,例えば男性で1991年度に30歳で12年保証期間付き逓増型終身

図表4-5 大和生命の保険金・年金額の変更モデル

	加入年齢	契約年度				
		2007年度	2003年度	1999年度	1995年度	1991年度
養老保険 (満期30年)	30歳	▲7	▲8	▲15	▲33	▲43
	40歳	▲7	▲7	▲13	▲31	▲41
一時払い養老保険 (満期20年)	30歳	―	▲14	▲17	▲19	▲28
	40歳	―	▲14	▲17	▲19	▲28
12年保証期間付き 逓増型終身年金保険	30歳	▲15	▲34	▲42	▲65	▲76
	40歳	▲13	▲33	▲40	▲60	▲69
定期保険契約 (満期30年)	30歳	▲2	0	▲1	0	0
	40歳	▲3	0	0	0	▲3
終身払い無配当医療保険	30歳	▲10	▲16	―	―	―
	40歳	▲8	▲14	―	―	―

(注1) 男性の場合。単位%, ▲は減少。
(注2) 終身年金保険は65歳から年金を支払う場合。
(注3) ―は当時販売していないなどの理由で該当する契約がない。
(注4) 『日本経済新聞』2009年4月11日朝刊より引用。

年金保険に加入した場合，給付金が76％も削減される。かなりの削減率である。この表では確認できないが，同じ条件で女性が加入した場合，80％も削減される。

また，大和生命が引き継いだ旧大正生命に加入していた契約者は不幸なことに，保険金・給付金の削減は大正生命の破綻と今回の破綻の2回となる。削減率はさらに大きくなり，1992年度に一時払い終身保険に30歳で加入した女性の場合，87％となる。これではほとんど保険としての役割を果たしていないといえる。

こうした事例を見るたびに生保会社が破綻すると，顧客である契約者が最終的にかなりの損失を被ることがわかる。経営者はこうした事態を回避するのが責務であるが，残念ながら大和生命はその約束を守れず，破綻してしまった。

(4) 組織形態と危険負担の関係

経営の本質から考えれば，収益の獲得を目標とする株式会社であるからこそ，そのような悲劇的な結果を招いたといえる。だが，大和生命の破綻というひとつのケースを取り上げただけで生保会社の組織形態と危険負担の関係が明らかにされたとはいいにくい。やはり，さらに多くの生保会社を対象にしながら客観的に分析する必要があろう。

そこで，この問題を実証的に扱った Yanase, Asai and Lai (2008) に注目したい。この論文では1976年から1995年までのわが国の主要生保20社を対象にしながら，ＲＯＥの期待値（リターン）と標準偏差（リスク）を組織形態ごとに分析している。対象生保20社の内訳は相互会社16社，株式会社4社である。

計測結果を示すと，次のようになる。

主要生保20社を対象にしたＲＯＥの期待値と標準偏差

	期待値	標準偏差
相互会社	0.004	0.008
株式会社	0.024	0.046

第4章　大和生命の経営破綻と生保の株式会社化

この結果をさらに理解しやすくするため，横軸に期待値（リターン），縦軸に標準偏差（リスク）を取りながら組織形態別に図示したものが**図表4－6**である。

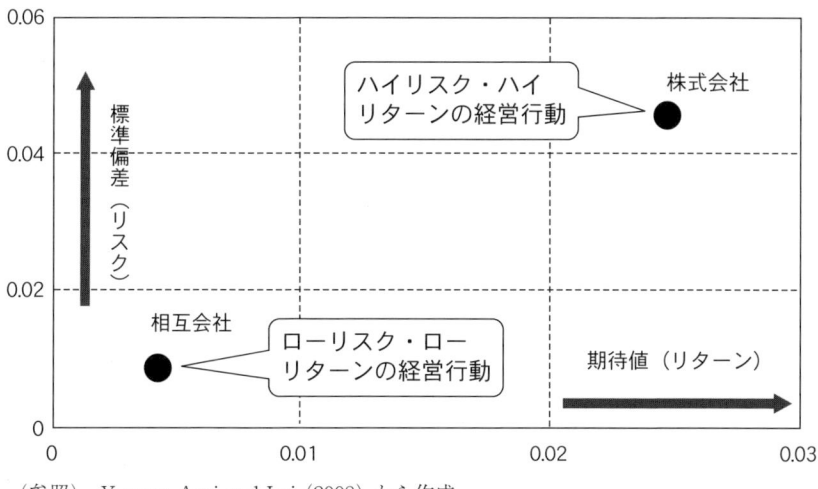

図表4－6　生保会社の組織形態と危険負担の関係

（縦軸：標準偏差（リスク），横軸：期待値（リターン））

- 株式会社：ハイリスク・ハイリターンの経営行動（右上）
- 相互会社：ローリスク・ローリターンの経営行動（左下）

（参照）　Yanase, Asai and Lai（2008）から作成。

これを見るとわかるように株式会社・生保は右上にあるのに対して，相互会社・生保はまったく正反対の左下に位置している。

すなわち，株式会社・生保のほうが相互会社・生保よりもハイリスク・ハイリターンの経営を推し進めていることがわかる。まさに生保会社の組織形態と危険負担の関係が単純な記述統計からも証明されたことになる。

もちろん，この計測方法で気になるところもある。それは単に規模の大きさが影響した結果に過ぎないという解釈である。当時の株式会社・生保は相互会社・生保に比較して圧倒的に規模が小さかったので，ＲＯＥという収益指標のブレも当然ながら大きくなる傾向にあったからである。

そうした解釈も可能かもしれないが，ここでは計測結果を素直に組織形態と危険負担の関係として把握しておくことにしたい。

第3節　経営モデルから見た生保会社の行動

(1)　株式会社化のメリット

　こうして見ていくと，組織形態の違いは生保会社の行動に影響を及ぼしているように思える。大和生命の経営破綻も株式会社化がリスクの高い経営を後押ししたように感じられる。確かに従来の生保会社にはあまり見られなかったハイリスクな運用を推し進めたために大和生命は破綻した。この結果だけを見れば，株式会社化は生保会社にとって馴染まない組織形態として映るかもしれない。

　だが，過度に危険な運用は論外だが，ある程度のハイリスク・ハイリターンな運用はこれからの生保会社にとってむしろ必要であろう。経営環境が厳しくなるなかで他の生保会社よりも高い収益を生み出す必要性が高まっているからである。その意味では生保会社の組織形態として相互会社よりも株式会社のほうが好ましいといえるかもしれない。

　また，ハイリスク・ハイリターンを目指すのは資産運用だけではなく，経営そのものも当てはまるであろう。株式会社化は生保会社を拡大させる優れた仕組みが備わっているからである。これにより高い成長を達成できる可能性が高まると思われる。

　具体的には資金調達面で優れた力を発揮できることにある。相互会社のもとでは剰余金の一部をこつこつと蓄積し続けていなければならない。あるいは基金という形で資金を調達できるが，それは負債の性格を有している。株式会社であれば株式を発行することで一気に大量の資金が調達できるうえ，返済の必要がないので経営の自由度がかなり高くなる。

　これにより新しいビジネスに向けて積極的な経営が繰り広げられる。わが国の生保会社はいつまでも国内に業務を限定するのではなく，人口増加の著しいアジアの新興国などに向けてビジネスを進めていく必要がある。株式の発行が可能ならば，これらの動きを早めることができる。

第4章　大和生命の経営破綻と生保の株式会社化

さらに持株会社を設立することで，関連する子会社を傘下に置きながら組織全体を柔軟に動かすことができる。この仕組みは重要で，成長分野の会社を新たに作らずにM&A（合併・買収）戦略が展開できる。

もし自前で必要な会社を作ろうとすれば，満足のいく形を整えるのにかなりの時間が掛かるであろう。だが，M&Aを利用すれば，すぐに手に入るので，まさに時間を買うのに相当する効果が発揮できる。

(2)　生保会社の経営モデル

こうした株式会社化のメリットがうまく機能すれば，相互会社では見られないような著しい成長が達成されると期待される。また，資産運用もハイリターンが得られるであろう。

そこで，次にシステムダイナミックス・モデルのソフトである Powersim Studio 8 を用いて，これらの関係を導き出していきたい。**図表4－7**は生保会

図表4－7　生保会社の経営と外的ショック

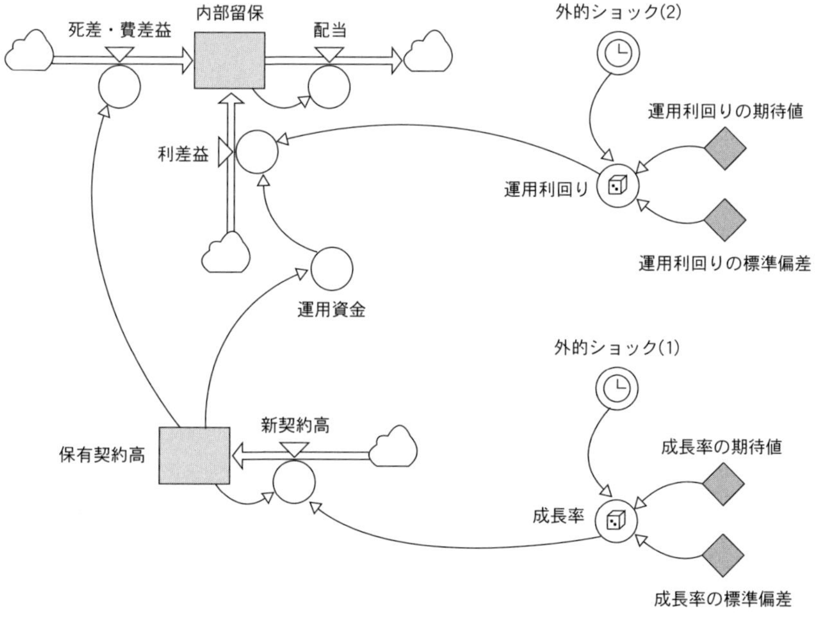

社の経営を簡単なモデルで図示したものであり，外的ショックの影響も組み込まれている。これにより組織形態の相違から業績に差が出ることが示されよう。

なお，モデルの詳細な構造を表した方程式は「**付録4-1**」として末尾にまとめられている。ここでは変数の性質や係数の数値などモデルに関わる詳細な説明を割愛している。関心のある読者はこの付録で確認してもらいたい。

まず，この図では「**保有契約高**」がレベルとして置かれ，そこに「**新契約高**」がフローとして流入している。ただし，新契約高は生保会社の組織形態によって影響を受けると仮定している。それは組織形態の相違によって成長率に変化がもたらされるからである。

ここでは「**成長率**」を正規分布に従う確率変数としてとらえている。株式会社・生保は相互会社・生保よりもハイリスク・ハイリターンな経営を行うので，「**成長率の期待値**」も「**成長率の標準偏差**」も大きな数値が設定されている。

これにより成長率はランダムな動きを見せるが，モデルでは51期目に世界経済危機の影響をイメージした変数として「**外的ショック(1)**」が発生し，成長率が大幅なマイナスに陥るように組み込まれている。

そうした性質を持つ成長率に従って新契約高もランダムな動きを見せ，保有契約高が決定される。次に保有契約高のうち一定割合が「**運用資金**」として積み立てられ，利息・配当金を生み出していく。

このモデルでは成長率と同様に「**運用利回り**」も確率変数として扱われ，正規分布に従い，株式会社・生保のほうが相互会社・生保よりも「**運用利回りの期待値**」も「**運用利回りの標準偏差**」も大きいと仮定されている。

そうすると，運用資金と運用利回りが与えられることで，三利源のひとつである「**利差益**」が発生し，それはレベルである「**内部留保**」に流れていく。運用利回りはランダムな変動を繰り返しながら，成長率と同様に51期目に大幅なマイナスを生み出す「**外的ショック(2)**」を受けるように設定されている。

もちろん，利差益は絶えずプラスの状態にあるとは限らず，マイナスの利差損の状態にもなる。その時は内部留保を取り崩すことになる。したがって，生保会社の利益の蓄積である内部留保は利差損による影響を受けながら大きな変

第4章　大和生命の経営破綻と生保の株式会社化

動を示すことになる。

　また，保有契約高からは三利源を構成する死差益や費差益も発生し，ここでは「**死差・費差益**」として表現されている。その利益は利差益と同様に内部留保に流れ，利益が蓄積されていくが，一部が「**配当**」として流出していく。この場合，株式会社・生保ならば株主配当であり，相互会社・生保ならば契約者配当に相当する。

(3) 組織形態ごとの保有契約高と内部留保の動き

　こうして新契約高から配当が生み出されるまでの生保会社のメカニズムがわかったところで，今度は組織形態の相違が業績にどのような影響を及ぼすかを，このモデルに従ってシミュレートしていくことにしたい。

　まず，保有契約高から見てみよう。**図表4－8**は0期から100期までの保有契約高の動きを株式会社・生保と相互会社・生保に分けながら描いたものである。これを見るとわかるように株式会社・生保のほうが相互会社・生保よりも変動が激しく，絶対額も大きくなっていることが確認できる。

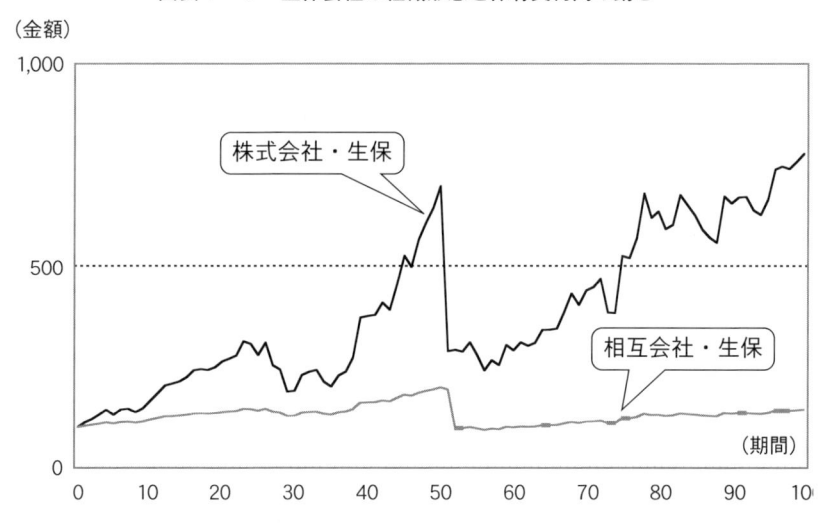

図表4－8　生保会社の組織形態と保有契約高の動き

また，51期目に外的ショックが生じると，成長率が大幅なマイナスになることから，どちらの形態の生保会社も保有契約高が落ち込んでいるが，その度合いは，株式会社・生保のほうが激しく，相互会社・生保は小さい。

　この場面を見る限りでは相互会社・生保のほうが外的ショックの影響を受けにくい体質を備えていると判断できる。それは相互会社・生保にとって長所として映るかもしれない。

　しかしながら，長期で見れば，株式会社・生保のほうが大なり小なりの変動を繰り返しながらも，どの期間を見ても相互会社・生保よりも保有契約高は大きく，最終的に高い成長を示している。

　次に内部留保に注目しよう。**図表4－9**は0期から100期までの内部留保の動きを組織形態別に整理したものである。生保会社のメカニズムからも明らかなように内部留保は死差・費差益だけでなく利差益からも流入してくる。その利差益は保有契約高から生み出された運用資金と運用利回りから決定されるため，成長率と運用利回りという2つの確率変数の影響を受けるとともに，2種類の外的ショックも加わることになる。

　そうした複雑な要因が絡んだ内部留保の動きを見ていくと，先ほどの保有契

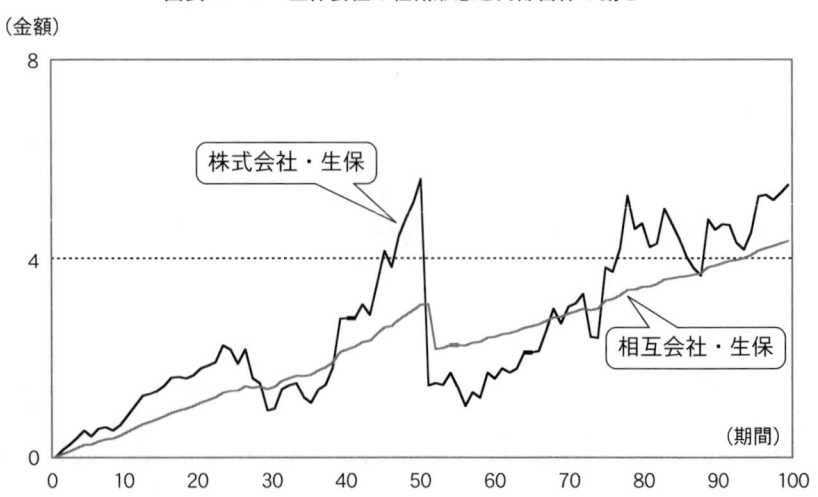

図表4－9　生保会社の組織形態と内部留保の動き

約高と同様に株式会社・生保は変動が激しく，相互会社・生保は安定した動きを示している。また，51期目に発生している外的ショックの影響も株式会社・生保のほうが相互会社・生保よりも大きい。

また，内部留保の絶対額を比べると，全体的には株式会社・生保が相互会社・生保よりも上回っているが，ある期間では逆に下回っている。しかも，最終的には内部留保の大きさは両者の間でそれほどの差が開いているわけではない。したがって，図を見る限りではどちらの生保会社が好ましいかについてわかりにくいように感じる。

この結果から株式会社・生保は相互会社・生保よりも優れていると断定しにくいかもしれない。だが，このモデルでは株式会社・生保のみ内部留保の一部が株主配当として株主に流れるように設定されている。

それゆえ，この図を見るだけでは組織形態の優劣を誤って判断する恐れがある。どの生保会社も3種類の利益がすべて内部留保にとどまり，一切，流出しないならば，株式会社・生保は保有契約高と同様に絶えず相互会社・生保を上回ることになろう。

(4) 長期的視点から見た株式会社・生保の魅力

生保会社の経営モデルを通して保有契約高そして内部留保の動きを業態別に見てきた。そこから得られた発見は短期的には安定性という点で相互会社・生保のほうが魅力的に感じるところもあるが，長期的には成長性という点で株式会社・生保のほうが相互会社・生保よりも優れているということであろう。

もちろん，このモデルでは成長率ならびに運用利回りに対して期待値も標準偏差も相対的に高い数値を株式会社・生保に課しているので当然の帰結である。だが，株式会社・生保は相互会社・生保よりもハイリスク・ハイリターンな経営に向かう性格を本質的に持っているので，そうした前提をモデルのなかに組み入れても不思議ではないであろう。

ここでは内部留保が形成される過程で，死差・費差益と利差益がどのような動きをしているかについて具体的に触れなかったが，もし分析すれば利差益の

動きは興味深い。なぜなら，プラスの値だけでなくマイナスの値も示しているからである。つまり，利差益だけでなく，利差損（＝逆ざや）の状態も生み出している。

生保会社が破綻するケースのほとんどはこうした逆ざやが続いた状態である。株式会社・生保は運用利回りのブレが大きいので，逆ざやが発生する可能性が高い。この事実だけを強調すれば生保会社にとって株式会社化は危険な組織形態として解釈される恐れがある。

実際，大和生命は株式会社化によってハイリスク・ハイリターンな経営ならびに同様の資産運用に傾き，そうした姿勢が米国発のサブプライムローン問題そしてリーマン・ショックを通して経営破綻に陥ってしまった。

しかし，ある程度の内部留保を抱えていれば，いくら損失が急拡大しても持ちこたえられるであろう。そうであれば時間の経過とともに利益は蓄積され，最終的に高い成長を続けることができる。それゆえ，株式会社化は長期的視点から見れば生保会社にとって好ましい組織形態といえるであろう。

第4節　これからの生保会社の姿

(1)　勢いづく株式会社化

わが国ではようやく生保会社の株式会社化が勢いを増しつつあるように感じる。例えば，最近の生保業界にとって最も関心の高いテーマは，第一生命の株式会社化であろう。業界第二位の生保会社による株式会社への転換，そして東京証券取引所への株式上場はほかの生保会社にかなりの刺激を与えていると思われる。

主要生保ではすでに2002年に大同生命，2003年に太陽生命，2004年には三井生命が株式会社化を果たしている。だが，これら3生保に比べて第一生命の場合は規模の面から見ても桁違いの大きさである。

第一生命は社名に意味が込められているように日本初の相互会社形態による生保会社であった。だが，2009年6月に総代会で株式会社化が承認され，2010

第4章　大和生命の経営破綻と生保の株式会社化

年4月から新しい組織形態のもとで事業が展開されることになった。株主数は137万1,000人であり，ＮＴＴの103万人を大幅に上回る巨大な株式会社が誕生したことになる。

　株式会社化への転換を促したのはわが国の生保会社を取り巻く環境が激変しているからである。独身者や夫婦共働きの増加など社会環境の変化もあげられるが，やはり人口減少が最大の要因であろう。

　もう少し正確に表現すれば15歳から64歳までの生産年齢人口の減少である。この状況を打開するのは極めて難しく，将来にわたって人口減少傾向は変わらないと思われる。

　こうした動きはヒトの経済保障をビジネスとする生保会社にとって逆風となっている。従来型のビジネスを変え，成長分野へ経営資源を向けていく必要がある。そのためには相互会社組織では限界がある。新しいビジネスモデルを迅速に展開するには株式会社化が必要なのである。

　実際，生保会社の株式会社化はわが国だけでなく海外でも積極的に取り入れられている。米国に目を向ければ，すでに大手生保会社のプルデンシャルやメットライフが株式会社化を進め，上場も果たし，それを梃子にしながらM＆Aを通して業務を急拡大させている。

(2)　**必要不可欠なリスク管理体制**

　確かに競争に打ち勝つ手段として株式会社化は生保会社にとって有効に機能するように見える。その一方で，行き過ぎると悲劇的な結果をもたらす負の側面も併せ持っている。このことも十分に留意する必要がある。

　2008年9月のリーマン・ショックをきっかけに世界的な経済危機が発生したが，そのなかで生保会社の株式会社化に対する見方も多少変わったようでもある。いままでのような肯定的な見方だけでなく，否定的な見方に対しても注目するようになったからである。

　それは株式会社である米国の大手保険会社のＡＩＧがサブプライムローン関連の金融商品に向けて過度に投資したことから巨額の損失を抱え込んでしまっ

たからである。株式会社の本来の目的である利益の追求にあまりにものめり込み，公的支援を受けるほど深刻な経営危機に陥ってしまったのである。

その反動からか，一部では経済危機の影響をあまり受けなかった相互会社・生保に対する見直しの機運も高まっている。相互会社の理念は相互扶助の精神にあり，利益の追求が前面に出ることはないからである。

大和生命の経営破綻も同様で，この事件を通して株式会社化は生保会社にとってあまり馴染まない組織であると解釈する人が増えたかもしれない。あるいは相互扶助という理念から相互会社を理想と考える人たちの勢いが盛り返したかもしれない。

生保会社の組織形態に関する議論は意見の分かれるテーマである。それぞれにメリットがあることを認めなければならない。だが，わが国の生保会社が置かれた厳しい経営環境を考えれば，いつまでも同じ経営姿勢を続けていくのも難しい。新しい領域に向かって積極的に進んでいかない限り，成長は見込まれないであろう。

そう考えれば，経営を突き動かす原動力として株式会社化は魅力的な組織形態のように思われる。もちろん，大和生命などに見られたような行き過ぎた経営は破綻につながり，契約者に多大の負担を強いることになる。それを回避するには経営のチェックが行き届かなければならない。

したがって，生保の株式会社化を進める場合，リスク管理体制も同時に構築しておく必要がある。もし，これを怠れば今回の経済危機に見られたような予想外のショックが発生した場合，巨額の損失を被り，悲劇的な結果をもたらす恐れがある。そうした事態を回避するためにも，また持続可能な成長を遂げるためにもリスク管理体制の整備は株式会社・生保にとって必要不可欠である。

第4章 大和生命の経営破綻と生保の株式会社化

付録4－1　生保会社の経営と外的ショック

名　　前	単　位	定　　義
【株式会社・相互会社の共通モデル】		
□　保有契約高	JPY	100⟨⟨JPY⟩⟩
⟹　新契約高.in		新契約高
□　内部留保	JPY	0⟨⟨JPY⟩⟩
⟸　配当.out		配当
⟹　死差・費差益.in		死差・費差益
⟹　利差益.in		利差益
⊂▷○　配　　当	JPY/PERIOD	内部留保/TIMESTEP＊5⟨⟨%⟩⟩
⊂▷○　利　差　益	JPY/PERIOD	運用資金＊運用利回り
○　運用資金	JPY/PERIOD	保有契約高/TIMESTEP＊1⟨⟨%⟩⟩
○　運用利回り	%	NORMAL(運用利回りの期待値, 運用利回りの標準偏差, 0.5)＋外的ショック(2)
○　死差・費差益	JPY/PERIOD	保有契約高/TIMESTEP＊0.03⟨⟨%⟩⟩
○　新契約高	JPY/PERIOD	保有契約高/TIMESTEP＊成長率
○　成　長　率	%	NORMAL(成長率の期待値, 成長率の標準偏差, 0.5)＋外的ショック(1)
○　外的ショック(1)		PULSE（－0.5⟨⟨PERIOD⟩⟩, STARTTIME＋50⟨⟨PERIOD⟩⟩, 100⟨⟨PERIOD⟩⟩）
○　外的ショック(2)）		PULSE（－0.5⟨⟨PERIOD⟩⟩, STARTTIME＋50⟨⟨PERIOD⟩⟩, 100⟨⟨PERIOD⟩⟩）
【株式会社・生保のケース】		
◆　運用利回りの期待値	%	3⟨⟨%⟩⟩
◆　運用利回りの標準偏差	%	10⟨⟨%⟩⟩
◆　成長率の期待値	%	3⟨⟨%⟩⟩
◆　成長率の標準偏差	%	10
【相互会社・生保のケース】		
◆　運用利回りの期待値	%	1⟨⟨%⟩⟩
◆　運用利回りの標準偏差	%	3⟨⟨%⟩⟩
◆　成長率の期待値	%	1⟨⟨%⟩⟩
◆　成長率の標準偏差	%	3⟨⟨%⟩⟩

第5章

世界経済危機が私立大学の資産運用にもたらした教訓

第5章　世界経済危機が私立大学の資産運用にもたらした教訓

第1節　世界経済危機と私立大学の資産運用

(1)　私立大学が抱えた巨額損失

　2008年9月の米国発のリーマン・ショックはわが国の銀行を始めるとする金融機関や証券会社だけでなく，教育・研究機関である私立大学も直撃した。米国ほどではないが，わが国の私立大学も最近になってようやく資産運用に積極的な姿勢を取るようになった。だが，不幸なことに突如として世界的な経済危機が勃発し，為替相場や株価の急激な下落から巨額損失を抱えてしまった。

　主要私立大学の損失額（2009年3月期）を「週刊ダイヤモンド」（2009年）から取り上げると，有価証券等の評価損・売却損は，駒澤大学190億円，慶應義塾大学170億円，愛知大学118億円，南山大学114億円，上智大学90億円，神奈川歯科大学72億円，大阪産業大学59億円，青山学院大学57億円，同志社大学27億円，法政大学18億円となっている。ただし，駒澤大学，愛知大学，南山大学はデリバティブの運用損を含み，神奈川歯科大学は過去2年間の損失額を含んでいる。

　どの大学も本体の規模から比較して損失額が巨額であり，予想もつかないほどの大きさに膨れ上がったことがわかる。これはハイリスク・ハイリターンの運用を行っていたからである。そのことを確認するため，利息・配当金から構成される資産運用収入を資産運用残高で割った運用利回り(%)を見てみることにしよう。この指標は直接利回りに相当するものである。

　同じ2009年3月期の数値を見ると，駒澤大学4.74%，慶應義塾大学1.92%，愛知大学4.86%，南山大学4.35%，上智大学3.55%，神奈川歯科大学1.28%，大阪産業大学4.68%，青山学院大学2.61%，同志社大学1.16%，法政大学1.44%となっている。

　10年物国債利回りとの比較からある程度推測できるように，これらの私立大学の運用利回りはかなり高く，ハイリターンを求めたハイリスクな運用を展開していることがわかる。リスクを冒さなければ運用利回りは国債利回り以下の

数値になるが，主要私立大学のほとんどはそれよりも高い運用利回りを示している。そのため，ハイリスクな運用を実施していたことが確認できる。

いままではリスクが表面化しなかったので運用上の問題が発生しなかったが，世界経済危機でリスクが現実のものになってしまったため，有価証券等の評価損・売却損が一気に膨れ上がってしまったのである。

私立大学の決算では一般企業の損益計算書に相当する消費収支計算書で期間損益が示される。そのうち利息・配当金は消費収入の一部を構成し，有価証券等の評価損・売却損は消費支出に組み込まれている。今回の経済危機で私立大学が直撃を受けたのは利息・配当金の減少よりも有価証券等の評価損・売却損であろう。

これにより消費収入から消費支出を引いた消費収支差額が大幅な赤字になり，大学経営の本体を大きく揺るがすことになった。例えば，「金融ビジネス」（2009年）によると，慶應義塾大学は有価証券等で170億円の損失を計上したほかに，365億円もの含み損を抱え，そのことが横浜市内に設立予定の小中一貫校を延期する方向に動いたという。また，駒澤大学も有価証券等の巨額損失から東京・世田谷区のキャンパス再開発計画の延期が検討されたようである。

資産運用の失敗による巨額損失は長期的な経営計画を変更させるだけではない。日常の運営業務にも大きな支障をもたらし，本来の教育・研究活動も停滞させる恐れがある。しかも，大学間競争が年々厳しくなる状況の下では，こうした資産運用の失敗は長きにわたって尾を引く可能性が極めて高い。

(2) 新しい資産運用体制の構築

このような私立大学の資産運用の失敗に対して様々な角度から意見が出されているが，ほぼ共通した意見は，本来，学校法人の資産運用は慎重であるべきだということであろう。それゆえ，ここ数年にわたって主要大学が行い続けたハイリスク・ハイリターンの資産運用は，誤った方向に走ってきたと考えられている。

学校法人を所管する文部科学省もまったく同様の考え方を表明し，経済危機

第5章　世界経済危機が私立大学の資産運用にもたらした教訓

が私立大学の財務を直撃していることから，2009年1月に資産運用に対して注意を喚起する通知を全国の学校法人に送付している。

そこでは「学校法人の運営は学生の納付金や浄財である寄付，税金である補助金で支えられ，運用の安全重視が求められる」ので，資産運用は「必要性やリスクを十分考慮し，慎重に取り扱うべきだ」と指摘している（「日本経済新聞」2009年1月7日朝刊）。

確かに学校法人である私立大学は一般企業と異なり，設立の趣旨から見て儲けることが第一の目的ではない。まして株式などリスクを伴った資産運用は本来の大学の姿と程遠いように思えるのであろう。資金を運用するならば，国債などリターンは低いが，リスクがほとんどない安全な有価証券だけを抱えていればよいと考えているのである。

だが，18歳人口の減少傾向が鮮明な動きになるにつれて，大学を取り巻く環境は年々厳しさを増している。かつてのような授業料の値上げは難しく，その一方で教育内容や施設など学生による大学サービスに対する要求は確実に高まっている。いつまでも授業料だけに依存した大学経営を続けるのは難しいであろう。

こうした困難な状況を打開するひとつの手段が資産運用である。運用収益を高めることで授業料以外の収入が増え，それを財源にしながら，さらに豊かな大学サービスが提供できる。したがって，大学間競争が激しくなるにつれて，ますます資産運用に注目せざるを得なくなる。その場合，高いリターンを得なければ意味がないので，ある程度のリスクを冒さなければ実現できないことになる。

もちろん，ローリスクでハイリターンの運用を見つけ出せれば，これほど都合のいい運用はない。だが，それを見つけ出すのは難しく，あったとしても長期にわたって運用し続けるのは不可能である。

したがって，これからのわが国の私立大学は高いリターンを目指すなら，ある程度のリスクを取る覚悟で資産運用に臨まなければならない。そうでなければほとんどの私立大学は厳しい経営環境に打ち負かされてしまうであろう。

今回の経済危機の教訓として私立大学はリスクを回避する安全志向の資産運用に切り替える必要性を感じているようだ。しかし，激変する経営環境を考えれば，資産運用に一層のウエイトを置きながら，あえてリスクに向かった運用姿勢を示さなければならないと思われる。

　それでは，十分な運用収益をあげながら，今回の経済危機のような大きなリスクを吸収できるような経営体制を築くには，大学は資産運用をどのように変えていかなければならないであろうか。

　米国の大学ではかなり前からこの難問に取り組み，それを克服するための運用体制を構築している。これにより高いリターンを得ながら，収益の一部を持続的に大学運営にもたらしている。米国では日本と比較にならないほど多くの大学が存在し，大学間の競争が激しいため，資産運用に対して積極的な姿勢で取り組んでいかざるを得ない。そうした要求がリスクを吸収しながら高いリターンを生み出す運用体制を作り出しているのである。

　そこで，本章ではそうした米国の大学を参考にしながら，将来，わが国の私立大学にとって必要な新しい運用体制を模索していくことにしたい。

第2節　大学の資産運用モデル

(1)　日本の私立大学の資産運用モデル

　まず，わが国の私立大学の資産運用メカニズムを簡単なモデルで表現することから始めよう。**図表5－1**はそのために描かれたものである。ここでは運用収益が帰属収入に向かい，その資金が支出あるいは基本金に組み入れられていく姿をシステムダイナミックス・モデルのソフトである Powersim Studio 8 を用いて示されている。このモデルの詳細な方程式の構造や定数の値などは**付録5－1**に収められているので，関心のある読者は参考にしてほしい。

　この図を見るとわかるように，「帰属収入」を構成するのは「**授業料等納付金**」であり，それを補うものとして「**運用収益**」が存在する。そうした帰属収入は大学を運営するために必要な「**消費支出**」に流れ，その残りである「**収支**

第5章 世界経済危機が私立大学の資産運用にもたらした教訓

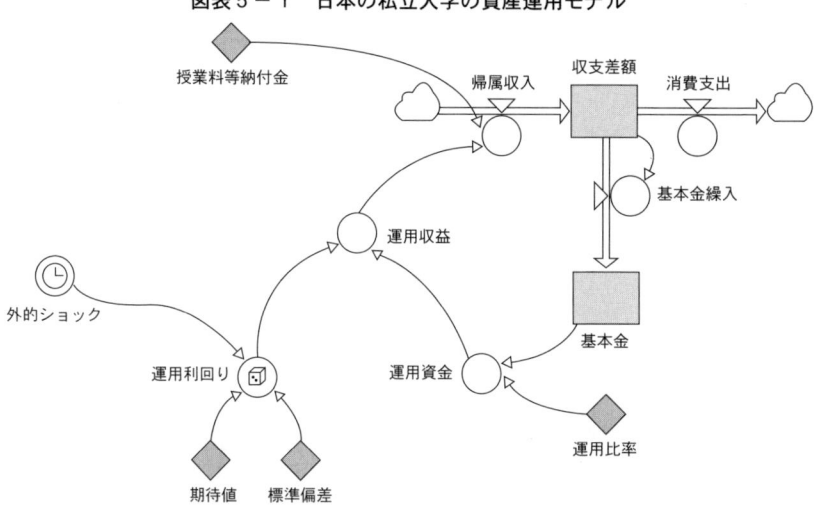

図表5－1　日本の私立大学の資産運用モデル

差額」が「**基本金繰入**」に向かっていく。

　そして，毎期発生する基本金繰入が累積したものが「**基本金**」であり，この資金から大学の校舎等が作られていく。大学が運営されていくうえで充実した教育・研究を進めていくには校舎などの設備投資が欠かせない。そのため，基本金は年々大きくなっていく傾向にある。

　だが，この資金はすぐに設備といったモノに変わっていくわけではない。ある期間にわたってカネの状態で保有されているのが通常の姿である。そのため，基本金のうち一部の資金が「**運用資金**」として活用され，利息収入等を増やしている。また，ここでは示されていないが，基本金だけでなく一時的に余裕のある資金も運用資金として活用されている。

　このモデルでは基本金に「**運用比率**」を掛けた金額が運用資金の対象となり，不確実な「**運用利回り**」に晒されていると仮定している。そのため，ランダムな動きを展開する運用利回りは「**期待値**」と「**標準偏差**」が定められた正規分布として描かれている。

　さらに世界経済危機をイメージした要因として「**外的ショック**」が組み込まれている。これにより，ある特定の期間のみ，運用利回りが大幅に下落するよ

105

うになっている。

そうした特殊な要因である経済ショックを受けながらランダムな動きを見せる運用利回りを図示したものが**図表5－2**である。この図を見るとわかるように高い運用利回りが得られる期間もあれば，逆にマイナスの運用利回りに転じる期間もある。また，30期目ごとに外的ショックを受けていることも確認できる。

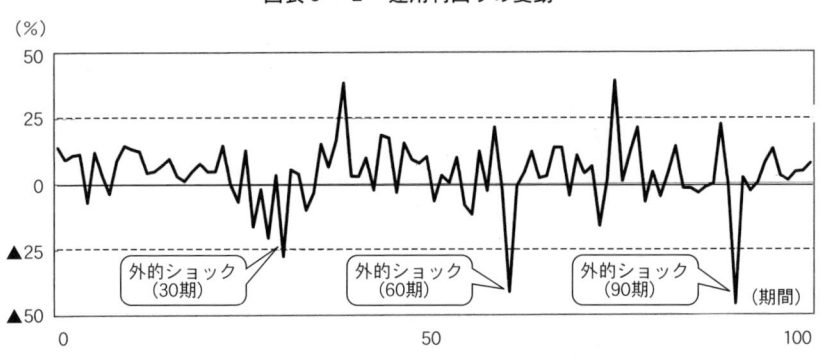

図表5－2　運用利回りの変動

(グラフ：縦軸 (%) ▲50から50、横軸 期間 0から100。外的ショック(30期)、外的ショック(60期)、外的ショック(90期)の注記あり)

そうした変動を示す運用利回りから生み出された運用収益が授業料等納付金に加わることで帰属収入が決定される。**図表5－3**はそうした運用利回りの影響を受けて変動する帰属収入と，一定規模で毎期100ずつ発生する消費支出が並べられている。

帰属収入が運用収益の影響で変動するため，帰属収入が消費支出を上回ったり，あるいは下回ったりし，帰属収支差額は黒字あるいは赤字になったりする。それは最終的に基本金に反映され，黒字であれば基本金は増大し，赤字であれば基本金は減額していく。そうした帰属収支差額による基本金の変動を描いたものが**図表5－4**である。シミュレーションでは基本金が変動を繰り返しながら拡大傾向にある姿を描いている。

このように見ていくとわかるように，大学経営は資産運用の成果がそのまま帰属収入に反映されるので不安定な動きをせざるを得ない体質を持っている。運用利回りが確実にコントロールできればまったく問題ないが，多くの場合，

第 5 章　世界経済危機が私立大学の資産運用にもたらした教訓

図表 5 − 3　帰属収入と消費支出の変動（日本の私立大学）

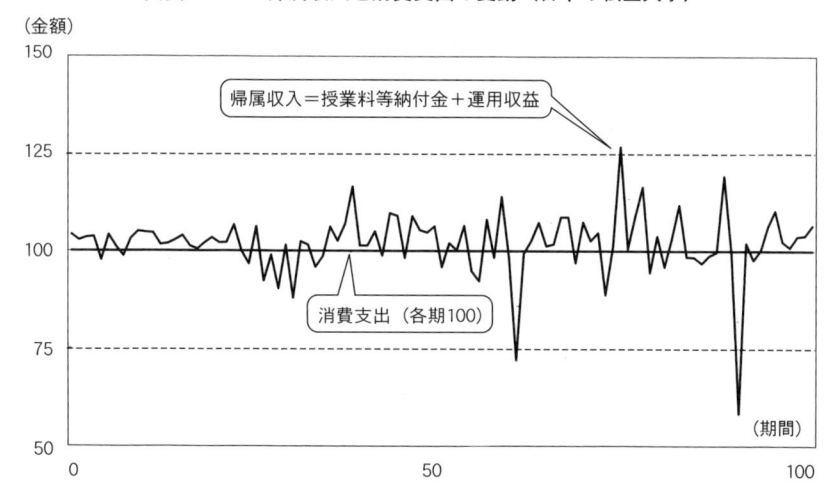

図表 5 − 4　基本金の変動（日本の私立大学）

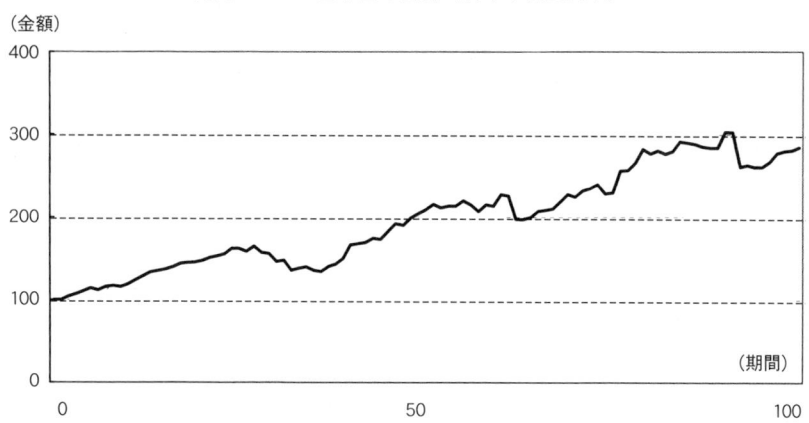

市場の荒波に晒されるため，その変動は激しい。例えば，リーマン・ショックのような急激な運用環境の変化に対して，ほとんど十分な対応ができないのが現状である。

　帰属収入の不安定性から最終的に赤字に陥ることもある。その時，短期的な計画ばかりでなく長期的な計画も修正を余儀なくされ，大学経営が立ち遅れる恐れがある。そうした事態を回避しなければならないにもかかわらず，残念な

がら資産運用の成果がダイレクトに大学経営に影響をもたらす不安定な構造を持ち続けているのがわが国の私立大学の現状である。

それでは，どのようなシステムを採用すればよいのであろうか。その解答を求めるため，米国の私立大学の資産運用について見ることにしたい。

(2) 米国の大学の資産運用モデル

日本の大学では経常的な運営を円滑に進めるための短期的な資金も，また校舎等の設備投資に向けて積み立てられた資金も，資産運用の対象になっている。これらは資金の目的からいって，リスクに晒してはいけない性格を持っている。

大学を運営していくうえで一時的に発生した資金は，運用するならば短期の安全資産に回していかなければならない。設備投資のために蓄積された資金ならば時間的なゆとりがあるが，危険な運用に用いるわけにはいかない。もし，運用に失敗すれば校舎等の建設計画に大きな支障をもたらすからである。

米国の大学ではこうした問題を解消するため，運用対象となる資金は本来の業務から発生する資金と切り離している。片山英治・神山哲也（2001）そして片山英治（2001）に従って米国の大学の資産運用の実態を見ていくと，大学は寄付基金（エンドウメント・ファンド）を本体の外に設け，そこに寄付金が流れる仕組みを作っている。寄付金で構成された資金は積極的に運用され，一部が大学本体の収入として流れていく。

寄付基金は本体から切り離されているので，たとえ運用で失敗しても大学は致命的な影響を受けることはない。また，そうした仕組みが設けられているので，リスクが大きくても高いリターンが生み出せるような投資対象に向かっていくことができるのである。

しかも投資収益の一部として大学に繰り入れられる資金はルールに基づいて決定づけられている。そのルールとはストックである運用残高の過去数年間の移動平均に対して，数パーセントに相当する資金を大学に流していくものである。通常，それを「ペイアウト・ルール」と呼んでいる。

この場合，運用成果がよい場合は収益の一部が運用資金に組み込まれていく

第5章　世界経済危機が私立大学の資産運用にもたらした教訓

が，反対に悪い場合は収益だけでは足りないので，運用資金の一部を取り崩すことになる。したがって，運用資金の残高そのものは運用成果によって変動するが，大学本体に向かう資金の変動は小さいことになる。これならば運用成果に振り回されずに安定した資金が大学に向かうため，大学経営にとってプラスに働くであろう。

図表5－5は運用資金が大学本体と切り離された米国の大学の資産運用モデルを描いたものである。「**寄付金**」が運用資金として活用され，そこから運用収益として大学本体に流れていく姿が示されている。ここでは過去数年間にわたる運用資金の平均残高からある一定のパーセンテージの資金が繰り入れられるように「**繰入係数**」が決定づけられている。これにより運用利回りが外的ショックから大きな変動を受けても，大学本体に向かう運用収益は安定することになる。

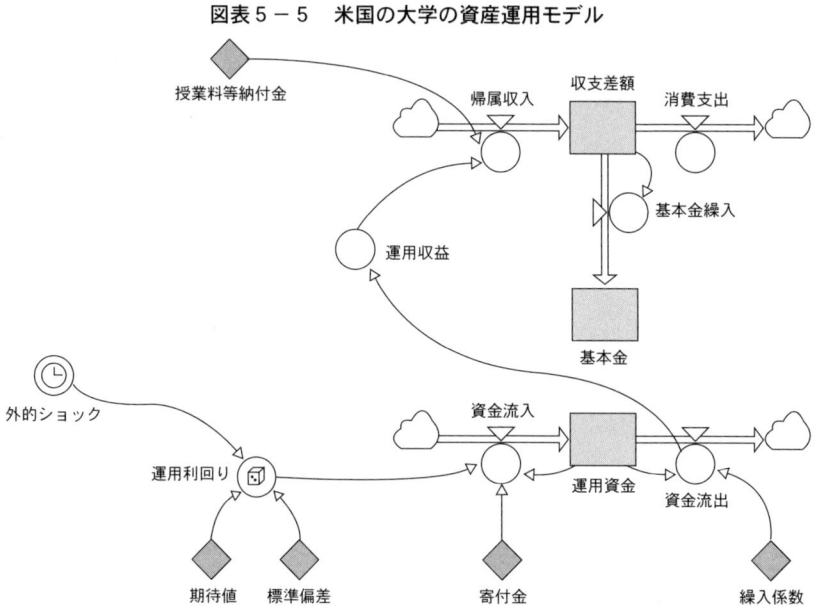

図表5－5　米国の大学の資産運用モデル

こうした資産運用モデルに従ってランダムな運用利回りのもとで発生する帰属収入と，毎期同じ数値の消費支出の動きを追ったものが**図表5－6**である。

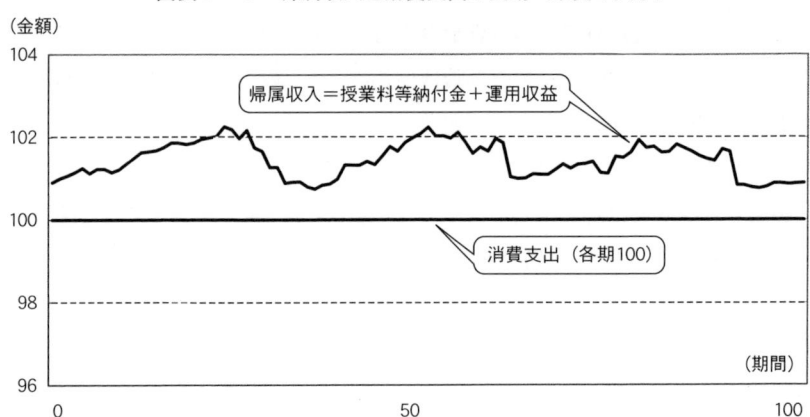

図表 5 − 6　帰属収入と消費支出の変動（米国の大学）

（金額／期間のグラフ：帰属収入＝授業料等納付金＋運用収益、消費支出（各期100））

　なお，このモデルでは資産運用収益の繰入れを除いて，すべてが先ほどのモデルで用いた構造と同じ方程式と数値を用いている。モデルの詳細な方程式の構造や定数の値などは**付録 5 − 2** に収められている。

　この図を見るとわかるように，運用回りが外的ショックの影響を受けて大幅なマイナスを生み出す期間でも，帰属収入は消費支出を上回り，毎期，黒字の状態が続いている。これにより運用環境の変化に関わりなく，運用資金からある一定の投資収益が流れ込むため，安定した大学運営が達成可能になることがわかる。

　もちろん，こうしたことができるのは運用資金がバッファーの役割を果たしているからである。**図表 5 − 7** はそのことを理解するため，運用資金のほか，基本金の動きも描いたものである。確かに運用資金の残高は運用環境の変化を受けて大きな変動を被っている。だが，ペイアウト・ルールに従って一定の運用収益が大学本体に送り込まれ，その資金の一部が基本金に組み入れられるので，基本金は安定した状態で増大している。これにより大学経営は安定性を高めていることが確認できる。

第5章 世界経済危機が私立大学の資産運用にもたらした教訓

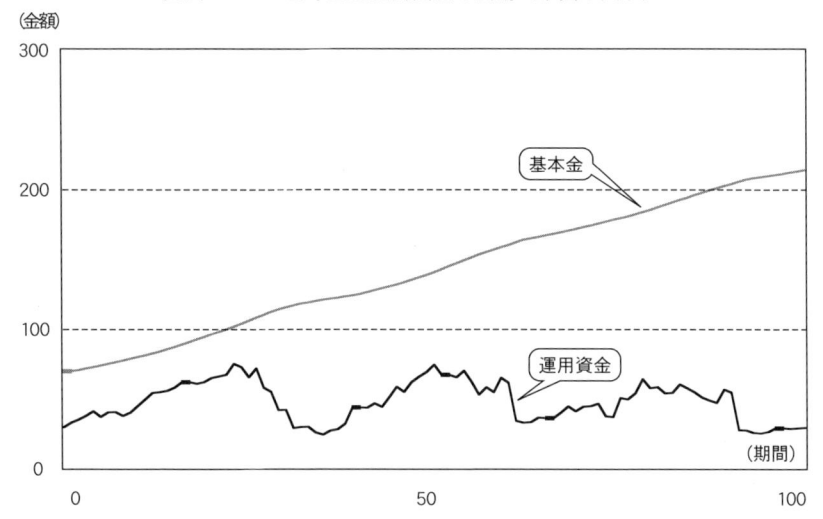

図表5－7 基本金と運用資金の変動（米国の大学）

(3) ハイリスク・ハイリターンを支える仕組み

　わが国では私立大学の資産運用に対して否定的な見方をする人が多いように思える。とりわけ，今回の経済危機の影響から巨額損失を抱えた大学が現れたために，そうした考え方が強まっているようである。

　だが，米国の大学のように資産運用を本体から切り離し，さらにペイアウト・ルールに従って運用成果をコンスタントに拠出していけば，運用環境の変化を受けにくい。また，このシステムがある限り，ある程度のリスクを負った運用に向かうことができるであろう。

　実際，米国の大学では株式，債券，ミューチュアル・ファンドを中心に運用しているが，さらにリスクの高いプライベート・エクイティ，不動産，ハイイールド債なども投資対象として積極的に運用している。

　そのうち最も高い割合を占めているのが株式であり，しかも国内株式だけでなく外国株式も含んでいる。米国の主要大学のなかには外国株式のほうが国内株式よりも投資比率が高いところもあるほどである。

　確かに米国の大学がハイリスク・ハイリターンの運用姿勢を貫き通すことが

できるのは，運用資金が大学本体から切り離されているからである。だが，それだけではない。日本の大学と違って資産運用だけを専門に行う組織を設け，独立した運営を展開していることも運用姿勢に大きな違いをもたらしている。

多くの米国の大学では複数の運用会社と契約を結び，運用の仕事を任せるスタイルをとっている。特に規模が小さな大学の場合，投資専門のスタッフを抱える余裕がないからである。また，理事会の責任のもとで下部組織に位置する投資委員会が経営コンサルティング会社の助言を得ながら，資産配分の決定や運用会社の選定を行っているところもある。いずれにせよ，大学が大まかな投資方針を示し，それに従って運用会社が動いていく仕組みができ上がっている。

その一方で，規模が大きな大学では外部の運用会社に依存せず，独自の運用組織を持つところもある。意思決定機関である投資委員会がスタッフを抱え，高いリターンを求めているのである。

例えば，全米で最大の運用資金を持つハーバード大学では内部の運用組織を飛び越えて，独自に運営子会社を設立し投資資金を運用している。外部の運用会社に委託するよりもコストが安く，別の報酬体制を採用することで大学内の運用組織よりも投資効率を高めることができるからである。独自の運用組織を持つことから規模がさらに大きくなり，ハイリスク・ハイリターンの運用方針が強まっているようである。

第3節　私立大学の資産運用の現状

(1)　多数を占める安全志向の運用姿勢

経済危機の影響を受け，わが国の私立大学では資産運用に対して消極的な姿勢を取る傾向が強まっているように見える。本来，その運用資金は利用する目的が明確であり，リスクに晒す性格のものではないからである。

もし，わが国の大学がリスク覚悟で高い運用収益を求めて行動するならば，運用資金は本体と切り離した形でプールしなければならない。まして，授業料から発生した資金を危険な運用に回すわけにはいかないであろう。このことは

第5章　世界経済危機が私立大学の資産運用にもたらした教訓

今回の経済危機から学んだ教訓である。

現状ではわが国の私立大学は米国の大学のようなリスクを伴う運用を行う環境はまったくできていない。それにもかかわらず，ハイリスク・ハイリターンの運用に向かった私立大学は大いに反省すべきであり，運用するならば短期かつ安全な資産にとどめるべきであった。

こうしたことはすでに多くの私立大学で認識されていたものと思われる。一部の私立大学だけがリスクを顧みず積極的運用に走ったために巨額損失を抱えてしまったのである。全体で見れば，リスクの高い運用を実施している私立大学は高いウエイトを占めているわけではないであろう。

そこで，次にハイリスク・ハイリターンの運用に向かった大学はむしろ特殊なケースであり，多くの私立大学は安全志向の運用を行っていたことを「私立大学財政データ　2009年版」を用いて確認してみることにしたい。

このデータには全国の私立大学601校を対象にした学校法人ベースによる2008年3月期決算の情報が収められている。**図表5－8**はここから私立大学の運用利回りをすべて取り出し，0.5％刻みに校数と割合（％）を整理したものである。これを見るとわかるように10％を超える高い運用利回りを生み出した大学が2校あるのに対して，運用利回りがゼロの大学が9校あり，残りの590校はその間に位置している。

なかでも運用利回りが1％以下の大学がほとんどであり，その割合は55.58％である。また，1％を超えて1.5％以下の大学は15.31％であり，さらに1.5％を超えて2％以下の大学は8.15％である。両者に挟まれた1％超から2％以下の割合は23.46％になる。

そうすると，10年物国債流通利回りが1.5％前後であった当時の運用環境から考えると，大部分の大学は安全志向の資産運用に心掛け，リスクを負った積極的な資産運用を展開していたわけではなかったことがわかる。

2％を超える運用利回りを達成している残りの大学がリスクを負った積極的資産運用を実践しているのであって，その割合は20.96％である。したがって，約2割の大学がハイリスク・ハイリターンの運用に向かっていたといえる。

図表 5 − 8　全私立大学の運用利回りの分布

運用利回り（r・%）	校　　数	割　合（%）
r ＝0	9	1.50
0＜ r ≦0.5	131	21.80
0.5＜ r ≦1.0	194	32.28
1.0＜ r ≦1.5	92	15.31
1.5＜ r ≦2.0	49	8.15
2.0＜ r ≦2.5	36	5.99
2.5＜ r ≦3.0	19	3.16
3.0＜ r ≦3.5	16	2.66
3.5＜ r ≦4.0	13	2.16
4.0＜ r ≦4.5	12	2.00
4.5＜ r ≦5.0	5	0.83
5.0＜ r ≦5.5	6	1.00
5.5＜ r ≦6.0	5	0.83
6.0＜ r ≦6.5	4	0.67
6.5＜ r ≦7.0	2	0.33
7.0＜ r ≦7.5	2	0.33
7.5＜ r ≦8.0	2	0.33
8.0＜ r ≦8.5	1	0.17
8.5＜ r ≦9.0	0	0.00
9.0＜ r ≦9.5	1	0.17
9.5＜ r ≦10	0	0.00
10＜ r	2	0.33
合　　　計	601	100.00

（注1）　運用利回りの平均値は1.07，標準偏差は1.73である。
（注2）　データ：2008年3月期。

　本章のはじめに示した巨額損失を抱えた私立大学はそうした部類に属する大学である。日本を代表する主要な私立大学が積極的な運用を展開しているために，多くの私立大学が同じような危険な運用を試みているように思われるかもしれないが，実際は国債を中心とした安全志向の資産運用を心掛けている大学が大部分であることが推測できる。

(2) 運用利回りと経営指標の相関関係

　多くの私立大学は資産運用に対して安全志向にあることがわかったが，そうした運用姿勢は大学の財政状態によって影響を受けると考えられがちである。つまり，財政に余裕のある大学は安全志向であるが，逼迫している大学は危険な運用に向かっていると思われがちである。

　その場合，単純に解釈すれば，財政赤字の私立大学ほどリスクを負った資産運用を展開しているように受け止められる。なぜなら，授業料等の収入が期待できなければ，それを補う資産運用益は重要な収入源であるため，財政赤字の大学ほど資産運用に依存した経営を展開していると考えられるからである。

　特に学生数の減少やコスト増大から帰属収支差額が低下し，財政赤字に苦しむ大学は補完的手段である資産運用に深い関心を持つであろう。逆に帰属収支差額が黒字で余裕のある大学ほど授業料等で十分に運営できるため，資産運用に走る必要がないと思われる。

　そこで，資産運用と財政ならびに経営状態の関係について私立大学財政データを用いながら調べてみよう。ここでは経営状態を把握するデータとして，帰属収支差比率，運用資産規模，総負債比率，人件費比率の4つのデータを取り上げて，運用利回りの関係を見てみることにしたい。

　これらのデータの定義式は，次の通りである。

運用利回り＝資産運用収入÷（その他固定資産＋流動資産）
帰属収支差比率＝(帰属収入－消費支出)÷帰属収入
運用資産規模＝その他固定資産＋流動資産
総負債比率＝負債の総合計÷総資産
人件費比率＝人件費÷帰属収入

　そこで，運用利回りを含めた5つの経営指標の相関行列を求めると，**図表5－9**のようになる。ただし，ここでは20大学平均の数値からそれぞれの相関係数が示されている。つまり，運用利回りの高い大学から低い大学に向かって順番に並べ，それぞれの経営指標の20大学移動平均を求め，加工した数値に基づ

図表５－９　全私立大学を対象にした主要経営指標の相関行列

	① 運用利回り	② 帰属収支差比率	③ 運用資産規模	④ 総負債比率	⑤ 人件費比率
①運用利回り	1.000	0.233	0.595	▲0.053	▲0.720
②帰属収支差比率	0.233	1.000	0.330	▲0.076	▲0.630
③運用資産規模	0.595	0.330	1.000	0.013	▲0.673
④総負債比率	▲0.053	▲0.076	0.013	1.000	▲0.000
⑤人件費比率	▲0.720	▲0.630	▲0.673	▲0.000	1.000

（注）　件数は582，▲はマイナスを意味する。

きながら相関係数を得ている。生のデータをそのまま扱うよりも移動平均の数値のほうが私立大学全体の関係が一層明確に表現できるからである。

　そうした20大学移動平均による相関行列のうち，運用利回りと他の経営指標の間に生じた相関係数だけを取り上げると，次のようになる。ただし，▲はマイナスを意味している。

```
運用利回りと帰属収支差比率の相関係数……………………………0.233
運用利回りと運用資産規模の相関係数………………………………0.595
運用利回りと総負債比率の相関係数…………………………………▲0.053
運用利回りと人件費比率の相関係数…………………………………▲0.720
```

(3)　資産運用と財政ならびに経営状態の関係

　このなかで注目すべき経営指標は，帰属収支差比率である。それを見ると，運用利回りに対して正の相関を示している。一般に赤字の大学が収入不足を補填する手段として資産運用に力を入れる構図を描く場合が多いが，この結果を見る限りではそうした解釈は否定され，黒字の大学ほど資産運用に熱心であることがわかる。

　もちろん，高い運用利回りを達成しているからこそ，帰属収支差額が赤字から黒字に転換し，正の相関が成立しているとも解釈できるが，そのような因果関係はごく一部の大学だけで，多くは黒字の大学ほど高い運用利回りを求めて

第5章　世界経済危機が私立大学の資産運用にもたらした教訓

行動しているようである。

　そうした大学の姿をさらに正確にとらえるため，今度は運用資産規模との関係を見ることにしよう。そうすると，運用利回りと正の相関にあり，資金量が大きい大学ほど運用利回りが高い傾向にあることがわかる。

　運用資産は大学の総資産に比例するから，運用利回りは大学の規模に比例していると判断できる。つまり，規模が大きい大学ほど運用利回りは高く，規模が小さい大学ほど運用利回りは低い傾向にあるととらえられる。

　一方，総負債比率との関係を見ると，運用利回りと負の相関を示しているが，数値そのものが極めて低いため，この場合，運用利回りと総負債比率との関係はほとんどないと解釈できる。そうすると，この事実から自己資本（基本金）で賄うか，あるいは借入で賄うかという財務構成に関わりなく，運用資産の規模そのものが運用利回りに影響をもたらしているといえる。

　また，人件費比率との関係も興味深い結果が得られている。運用利回りとの関係を見ると，負の相関であり，人件費比率が低い大学ほど運用利回りが高い傾向にある。このことも一般に考えられている大学の姿と異なっているように見える。なぜなら，人件費比率が高い大学は経営内容が悪化していて，それを補うために多額の利息収入を得るため，資産運用に対して積極的に取り組むと思われるからである。しかし，実際は逆で，支出面で余裕のある大学ほど資産運用に対して積極的である。

　このように見ていくと，規模が大きく経営内容が盤石な大学ほど運用利回りが高く，リスクの高い積極的投資を試みていることがわかる。財務的に余裕があるからこそリスクが負担できるのであり，その結果がハイリスク・ハイリターンの運用に向かっているのである。

　それに対して規模が小さな大学は経営が厳しく，財務内容を安定化させるために資産運用から収益を得たいのであろうが，もし失敗すれば破綻に向かう恐れがある。そのためリスクを負った資産運用は難しく，安全資産の運用に向かわざるを得ず，運用利回りは低くなる傾向にある。

　結局，総合的に判断すれば，資産運用に対する取組みは大学の財政あるいは

経営状態とはあまり関係がないことがわかる。一般に経営が行き詰まったために，その打開策として資産運用に力を入れているようにとらえられるかもしれないが，少なくとも資産運用に失敗した私立大学は帰属収支差額が赤字に陥ったためではない。そうした大学が資産運用に積極的に取り組んでいるのは，将来に向けて万全な体制を整えるためであって，現在の財政及び経営が悪化しているからではないことがわかる。

第4節　運用資金としての寄付金

　わが国の場合，一部の規模の大きな私立大学が経営的なゆとりを背景に積極的な運用に向かっているだけで，多くの私立大学は全体的に安全志向であることが全私立大学のデータから確認できた。

　だが，いつまでも安全志向の運用を続けていくわけにはいかないであろう。いままで以上に大学間の競争が強まれば，運用に力を入れていかざるを得ないからである。その時，現在のような大学内部に組み込まれた運用体制ではなく，米国の大学のように独立した組織の運用体制を築いていかなければならない。これにより経営を安定化させながら，ハイリスク・ハイリターンの投資姿勢に転じることができるであろう。

　ただ，注意しなければならないことがある。それは米国の運用資金は寄付金から成り立っていることである。寄付金は使用する目的が最初から決まっていないので，リスクを伴った運用が可能となる。

　ところが，わが国の場合，米国と異なり寄付金はそれほど大きくなく，帰属収入をわずかに支えるに過ぎない存在である。寄付金がある程度の規模に達しない限り，いくら日本の私立大学が資産運用に積極的になろうとしても無理がある。

　私立大学を取り巻く環境は厳しく，国からの補助金も徐々に削減される傾向にある。近い将来，日本も米国と同様に寄付金をどれだけ確保できるかが経営を左右する重要な要因として取り上げられるようになろう。寄付金を獲得する

第 5 章　世界経済危機が私立大学の資産運用にもたらした教訓

には大学の教育・研究活動が社会にどれだけ貢献しているかが決め手となる。社会の要求に十分応えた大学だけに潤沢な資金が流れ，それを運用することで，さらに資金が膨らむメカニズムが作用する。

　こうした流れを踏まえれば，資産運用は寄付金を膨らませる役割を担うとともに，うまく機能した大学と失敗した大学の間でかなりの格差が生じることになる。それは究極的に大学の二極化を生み出すとともに，競争に敗れた大学は最終的に淘汰にもつながっていくであろう。資産運用は寄付金とともにこれからの私立大学にとっても重要な役割を果たしていくものと考えられる。

付録5－1　日本の私立大学の資産運用モデル

名　前	単　位	定　義
□　基本金	JPY	100⟨⟨JPY⟩⟩
□　収支差額	JPY	0⟨⟨JPY⟩⟩
⇨　帰属収入	JPY/PERIOD	授業料等納付金＋運用収益
⇨　消費支出	JPY/PERIOD	100⟨⟨JPY/PERIOD⟩⟩
⇨　基本金繰入	JPY/PERIOD	収支差額/TIMESTEP
○　運用資金	JPY/PERIOD	基本金/TIMESTEP＊運用比率
○　運用収益	JPY/PERIOD	運用資金＊運用利回り
○　運用利回り	％	ＮＯＲＭＡＬ(平均値,標準偏差,0.5)＋経済ショック
○　外的ショック		PULSE(－0.5⟨⟨PERIOD⟩⟩, STARTTIME＋30⟨⟨PERIOD⟩⟩, 30⟨⟨PERIOD⟩⟩)
◆　授業料等納付金	JPY/PERIOD	100⟨⟨JPY/PERIOD⟩⟩
◆　運用比率	％	30⟨⟨％⟩⟩
◆　期待値	％	5⟨⟨％⟩⟩
◆　標準偏差	％	10⟨⟨％⟩⟩

付録5－2 米国の大学の資産運用モデル

名　　前	単　位	定　　義
□　基本金	JPY	70⟨⟨JPY⟩⟩
□　収支差額	JPY	0⟨⟨JPY⟩⟩
□　運用資金	JPY	30⟨⟨JPY⟩⟩
⇨　帰属収入	JPY/PERIOD	授業料等納付金＋運用収益
⇨　消費支出	JPY/PERIOD	100⟨⟨JPY／PERIOD⟩⟩
⇨　基本金繰入	JPY/PERIOD	収支差額/TIMESTEP
⇨　資金流入	JPY/PERIOD	運用資金/TIMESTEP＊運用利回り＋寄付金
⇨　資金流出	JPY/PERIOD	運用資金/TIMESTEP＊繰入係数
○　運用収益	JPY/PERIOD	資金流出
○　運用利回り	％	ＮＯＲＭＡＬ(平均値,標準偏差,0.5)＋経済ショック
○　外的ショック		PULSE(－0.5⟨⟨PERIOD⟩⟩,STARTTIME＋30⟨⟨PERIOD⟩⟩,30⟨⟨PERIOD⟩⟩)
◆　授業料等納付金	JPY/PERIOD	100⟨⟨JPY/PERIOD⟩⟩
◆　繰入係数	％	3⟨⟨％⟩⟩
◆　期待値	％	5⟨⟨％⟩⟩
◆　標準偏差	％	10⟨⟨％⟩⟩
◆　寄付金	JPY/PERIOD	0⟨⟨JPY/PERIOD⟩⟩

第6章

世界経済危機「後」の日本経済

第6章 世界経済危機「後」の日本経済

第1節　財政赤字に苦しむ欧州経済

(1) ギリシャの財政危機

　リーマン・ショックを引き金に発生した米国発の世界経済危機もようやく沈静化に向かい始めた2010年4月下旬，新たな経済問題が世界中の人々を再び震撼させた。それはギリシャの経済危機であった。ユーロ加盟国のギリシャは巨額の財政赤字から大量の国債を発行し続けた結果，国債償還の資金繰りが難しくなり，欧州連合（EU），国際通貨基金（IMF），欧州中央銀行（ECB）に資金援助を要請したのである。

　2004年に開催されたアテネ・オリンピックや大規模な公共事業などで巨額の資金が調達されていたにもかかわらず，ギリシャ政府は財政赤字が国内総生産（GDP）の約3％に過ぎないと言い続けてきた。

　だが，政権が交代したことで，前政権が過去に公表していたその数値は誤りであったことが暴かれた。財政赤字はそれよりも深刻な状態であることが明るみにされ，修正を重ねながらも，正確な数値ははるかに大きな13.6％であった。また，累積債務の国内総生産に対する割合は110％にも達していた。

　そうした財政危機をめぐるトラブルを反映してギリシャ国債10年物の利回りは急上昇し，約9％に達した。また，信用リスクを取引対象とするCDS（クレジット・デフォルト・スワップ）のギリシャ国債の保証料も急上昇した。まさに利回りと保証料の急激な変動は経済危機に直面したギリシャへの資金支援をマーケットが要請しているかのようにも見えた。

　ギリシャの人口は約1,100万人であり，国内総生産は約30兆円である。経済規模はわが国の10分の1にも達しないほど小さい。それにもかかわらず，当時，第2のリーマン・ショックにつながりかねない大事件として世界中で取り上げられたのは財政赤字に苦しむ国はギリシャだけではなかったからである。

　同じユーロ圏に属する国でもギリシャのほかに巨額の財政赤字に苦しむ国々がほかにもあったからである。それは国名の頭文字を取って「PIIGS」と呼ば

れた。つまり，ポルトガル（P），イタリア（I），アイルランド（I），ギリシャ（G），スペイン（S）の5か国である。

このうちポルトガル，イタリア，スペインはギリシャよりもあらゆる面で規模が大きいため，財政赤字の危機が欧州全体の経済問題として認識されれば，ギリシャ危機をきっかけとしてこれらの国々にも飛び火し，世界的な規模で経済混乱に陥る可能性があった。それゆえ，リーマン・ショックの再来と世界中で騒がれたのである。

(2) PIIGSの財政危機

欧州連合と国際通貨基金はギリシャの資金要請に対して危機を回避するため，2010年から2012年の3年間で総額1,100億ユーロ（約13兆円）の資金を融資することを決定した。その内訳は欧州連合のギリシャを除くユーロ圏15か国が800億ユーロ，国際通貨基金が300億ユーロであった。その条件としてギリシャが3年間で300億ユーロの財政赤字を削減することが課された。

だが，この発表でギリシャ危機がすぐに消え去ると信じる人たちは少なく，米格付会社のスタンダード・アンド・プアーズ（S&P）はギリシャ国債を投機的水準（BBプラス）に引き下げただけでなく，ポルトガルやスペインの国債までも引き下げていった。

ギリシャの財政危機は同じユーロ圏の財政赤字に直面している国々にも伝播していったのである。まさにユーロ圏を中心にソブリン・リスク（国債の債務不履行リスク）が高まっていった。

それは国債の評価にとどまらず，PIIGSに属する金融機関の財務力を弱めることにもつながっていった。なぜなら，それぞれの国が発行した国債をその国の金融機関が抱えていたからである。国債をポートフォリオの対象として保有する金融機関にとって国債の信用力が落ちることはそのまま金融機関の信用力の劣化にもつながっていく。

さらに金融機関が保有している国債はその国の国債だけでなく，ユーロ圏のほかの国々の国債も大量に保有している。つまり，PIIGSの国債をドイツやフ

ランスといった財政問題に比較的苦しんでいない国々の金融機関も保有している。さらに，欧州だけにとどまらず，アメリカや日本といった先進国の金融機関も保有している。

そのため，ギリシャ危機をきっかけにしてPIIGSの危機が現実のものになれば欧州の金融機関ばかりでなく世界の金融機関に対する信用力も同じように急激に劣化し，信用収縮そして再び世界経済危機に向かう恐れがある。したがって，ギリシャ危機は第2のリーマン・ショックにつながる可能性の高い事件であった。

第2節　日本が抱える経済問題

(1)　日本の財政赤字

そうした財政赤字に苦しむギリシャをはじめとする欧州の国々を見て，日本もまったく同様の問題を抱えていることに気づく。わが国の国債の発行残高は2010年3月末時点において880兆円を超え，国内総生産に対する割合は180％を超えている。それはギリシャの120％をはるかに超える数値である。

しかも，国債の発行額は財政の悪化からさらに増え続ける傾向にある。そのため，すぐに国債残高は1,000兆円を超え，国内総生産比は200％を超す状況にある。

また，日本の国債の多くを保有しているのがわが国の銀行や保険会社といった金融機関である。そのため，欧州の財政危機が抱える構造と極めて似ているといえる。そうすると，わが国もギリシャ危機と同様の問題が叫ばれてもおかしくないことになる。

だが，不安を感じる人は少ない。それは日本人だけでなく，世界の人々もそう感じているようである。なぜなら，国債の95％が日本人によって消化されているからである。家計の金融資産は1,400兆円であり，その資金の多くが国内の金融機関に流れ，ポートフォリオの対象として国債を保有しているのである。

国債の発行残高が880兆円で，家計の金融資産が1,400兆円もあるので，日本

が財政赤字に苦しんでいるといってもギリシャ等の国々とはまったく構造が異なり，国債に対する不安はほとんどないに等しい。その証拠に日本の10年物国債流通利回りは1％前後と，ほかの国々の国債利回りに比較しても極めて低水準にある。

　もし日本の国債に不信感が芽生えれば国債を進んで保有しようとはしないであろう。その場合，国債の価格は暴落し，当然のことながら利回りは急騰する。ギリシャの国債はそうした現象が起きている。だが，わが国の場合はまったく逆で，国債に対する信頼感があるため国債の価格は上昇し，利回りは確実に減少している。

　そうした国債に対する対照的な評価は通貨にも反映され，ギリシャ危機以降，ユーロは円に対して急激に安くなっている。しかも，ドルも円に対して安くなっている。日本の財政赤字が危機的状況にあると判断されたならば国債の信用力ばかりでなく経済力にも疑問の目が向けられ円安が生じるであろう。

　だが，現実は逆の円高に向かっていった。このことからもわが国は同じ財政赤字の欧州の国々と事情がまったく違っていることがわかる。

(2) リーマン・ショック後の日本経済

　それではわが国の経済はリーマン・ショック後の欧州と異なり，財政赤字を抱えながらも深刻な経済問題に直面せずに今後も歩むことができるであろうか。それはやはり難しいであろう。

　いまは大量の国債を発行しても資金需要の低迷から金融機関が購入する構図ができているので問題ないように見えるかもしれない。その証拠に国債は金融機関によって積極的に購入されているので，国債消化の問題も起きず，金利は低い水準にとどまっている。欧米の財政赤字に苦しむ国々のように国債の消化難から金利が急騰するような事態に陥っていない。

　金利の変動がマクロ経済に与える影響は大きく，金利が上昇すれば民間投資を押しとどめ，総需要を引き下げることにつながる。いわゆる，国債発行が民間投資を押しのける「クラウディング・アウト効果」が発生する。

第6章 世界経済危機「後」の日本経済

　そうであるならば，金利が上昇しないわが国の国債はマクロ経済に影響を与えないといえるだろうか。確かに従来からいわれる金利上昇を通じた国債のクラウディング・アウト効果は発生していないが，しかしながら民間投資が減り続ける現象には何ら変わらない。国債が民間投資を押しのけるわけではないが，結果として総需要を減らすことにつながっている。

　たとえ現在は金融機関が国債の多くを買い取っていても，そうした構図はいつまでも続かないだろう。個人資金の多くが金融機関に流れ，その資金が国債の購入に向かっている。しかし，個人資金を保有する主要な主体は高齢者であり，時間が経てば貯蓄部分を取り崩さざるを得なくなるので，日本の貯蓄率は限りなくゼロに近づく。あるいはマイナスの貯蓄率になるかもしれない。

　その時，個人資金は減り続け，金融機関に流れる資金量も減るため，いままでのように低金利の状態で国債を買うことはないであろう。そうすると，国債の金利は上昇せざるを得なくなる。まさに財政赤字に苦しむ欧州の国々と同じ状況に陥る。したがって，わが国も将来のことを考えれば，欧州の財政危機と同じリスクを抱えているといえる。

　また，国債の大量発行は金融市場だけに影響を与えるものではない。財政にも影響をもたらす。例えば国債の発行によって利払い費が増え，一般歳出が削られる恐れが出てくる。いわゆる，「財政の硬直化現象」である。そのことは公共投資などの政府支出が減ることで，総需要の拡大が望めなくなる。しかも，一般歳出と利払い費を加えた全体の歳出はあまり減らないので，財政赤字は解消されず，国債残高の累積だけが強まることになる。

　したがって，たとえ積極的財政政策として政府支出を一時的に増大させても，国債残高の累積が進むため，それ以降，政府支出を削減する動きに転じざるを得なくなる。結局，時間を長く取れば景気を抑えるような効果が作用することになる。

　もちろん，国債残高が少なければ政府支出をそれほど削減する必要もないかもしれない。しかし，今日の日本の国債残高は異常なほど積み上がっている。将来にわたって返済しなければならないので，無駄な政府支出を抑えていかざ

るを得ないことになる。

　こうして見ていくと，わが国も欧州の財政赤字に悩む国々と本質的に同じ問題を抱えているといえる。ただ，現在のところ，それが表面化していないだけである。むしろ，潜在的なリスクは日本のほうが大きいかもしれない。

(3)　積極的財政政策と外需増大

　わが国の経済は依然として長期にわたる低迷状態が続いている。物価水準が連続的に下落し続けるデフレ状態からもなかなか脱却できないでいる。デフレは深刻な問題で，将来の物価水準が下落するだろうと人々が予想すれば個人の消費は低迷し，企業も民間投資を抑えようとする。それは日本の景気そのものを悪化させるため，再び物価水準を押し下げることになる。

　景気悪化とデフレの負のスパイラルを断つため，政府は何らかの経済対策を打ち出す必要がある。そのなかで伝統的に繰り返し行われている経済対策が公共投資などに代表される政府支出である。これにより総需要を拡大し，景気の悪化を阻止しようとするのである。

　そのためには巨額の資金が必要である。政府は国債を発行することで，必要な資金を賄っている。最初のうちは国債の発行額も少なくて済むかもしれないが，景気回復が望めないと政府支出の規模が拡大するとともに国債の発行額も拡大していく。その結果，国債残高の累積が急速に進み，景気を悪化させる無視できない要因になっていく。

　国債発行を伴う政府支出の理想の姿は景気回復から税収が増え，その資金で国債を償還させることである。だから，一時的に国債は残るかもしれないが，時間が経てば償還されるので国債残高の累積は生じない。

　ところが，現実はまったく理想的な姿とは程遠く，政府支出を拡大させても景気は回復せず，そのために国債は償還できないまま国債残高だけが積み上がっている。こうして国債発行を伴う政府支出の増額は経済学の教科書に書かれているような景気刺激効果を発揮していない。むしろ副作用とも呼べる国債残高の累積が深刻な影響をマクロ経済に与えている。

第6章 世界経済危機「後」の日本経済

 だが，財政政策の非有効性を訴える人はむしろ少数派であろう。伝統的な財政依存の体質は依然として変わらないままである。その理由として積極的財政政策が政治家にとって国民にアピールする絶好の政策手段に映るのかもしれない。何もしないわけにもいかず，従来の刺激策を訴えることで政治家としての役割を果たせると思い込むからである。もちろん，そう考えるのは国民のなかにも財政政策の有効性に期待する人たちが依然として多いからであろう。
 その一方で，外需に対する期待もかなり大きい。政府支出による景気刺激策がうまく機能しなければ，輸出が増大することで，総需要を高めたいと考えているからである。わが国は自動車などを米国に向けて大量に輸出し，内需の不足をカバーしながら景気を拡大させてきた。
 いまでは中国をはじめとする新興国向けの輸出が伸びている。リーマン・ショック以降，米国だけが経済的打撃を受けたのではなく，欧州も同じような痛みを被っている。そのため，欧米向けの輸出が伸び悩むわが国にとって成長率の著しい新興国向けの輸出は景気を浮揚させる有力な材料になっている。
 こうして長期低迷状態に悩むわが国の経済がこの危機から逃れるための方法として，積極的財政政策と外需増大がしばしば取り上げられることが多い。そこで，本書の締めくくりとして今日の日本経済が抱える財政赤字とデフレを組み込んだマクロ経済モデルのなかでこれらの政策効果を検討していくことにしたい。これにより世界経済危機「後」の日本経済の姿をある程度予測できると思われる。
 早速，システムダイナミックス・モデルのソフトであるPowersim Studio 8を使いながらこの問題を分析していくことにしよう。なお，モデルの説明ではフレームワークから展開される論理の流れだけにとどめる。政策効果を決定づけるうえで重要なレベルやフローに関する変数や定数の詳細な説明については「付録6－1」を参照してもらいたい。

第3節　財政赤字とデフレに直面した日本経済の構造

(1)　国債残高の累積と金融機関の押しのけ効果

　わが国を取り巻く経済問題として，ひとつは言うまでもなく財政赤字の問題がある。成長力がもともと期待できないうえ，いまでは政治的に不安定な要因も加わった。政権交代を果たした民主党は2010年7月の参院選で大敗北を喫し，与党過半数割れのねじれ国会が生じたからである。そのため，歳入の増加は期待できず，むしろ歳出が拡大し，財政赤字は解消できないまま，国債残高だけが確実に増えていく懸念がある。

　図表6－1はそうした財政赤字と国債残高の関係を示したものである。わが国の場合，「**歳入**」よりも「**歳出**」のほうが多いため「**財政収支の赤字**」が毎年生じている。そのため，赤字部分を補う手段として国債が発行され，「**国債残高**」がレベルとして累積されていく。

図表6－1　財政赤字と国債残高の累積

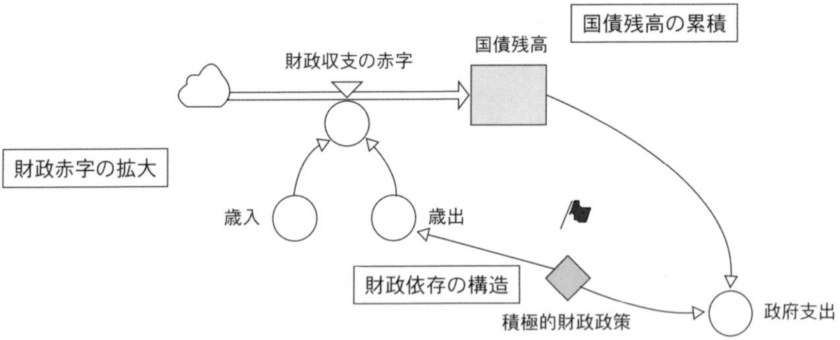

　ただ，「**財政赤字の拡大**」から「**国債残高の累積**」が続けば，将来，償還できなくなる恐れも生じる。そうした事態を回避するため，公共事業などの「**政府支出**」をできるだけ抑えようとする。それでも国債の利払い費は確実に増えていくので，政府支出をいくら抑えても全体の歳出そのものは変わらないことになる。

第6章　世界経済危機「後」の日本経済

　しかし，景気の落ち込みが激しければ，やはり伝統的政策手段である「**積極的財政政策**」に頼らざるを得ない。政府支出を拡大することで，景気を浮揚させるのである。しかし，それは財政収支の赤字を拡大させ，国債残高をさらに増やすことにつながる。「**財政依存の構造**」から脱却しない限り，景気循環と国債残高の悪循環は続くことになる。

　次に日本経済が直面する2つ目の問題として金融機関による押しのけ効果があげられる。大量に発行された国債の多くは金融機関が購入している。本来ならば，民間投資に資金を流すのが自然な姿である。だが，わが国の場合，金融機関は運用資金の多くを国債の保有に向けているのが実態である。

　企業に活力があれば政府支出による国債発行が民間投資を押しのける恐れがある。だが，現状は企業に投資意欲が見られず，ビジネスを拡大する動きは乏しい。そのため，金融機関に溜まった資金は消去法から止むを得ず国債保有に向かっている。

　それゆえ，本来の意味からいう押しのけ効果が起きているわけではない。だが，結果として金融機関の資金が民間投資に向かわず，国債保有に向かってい

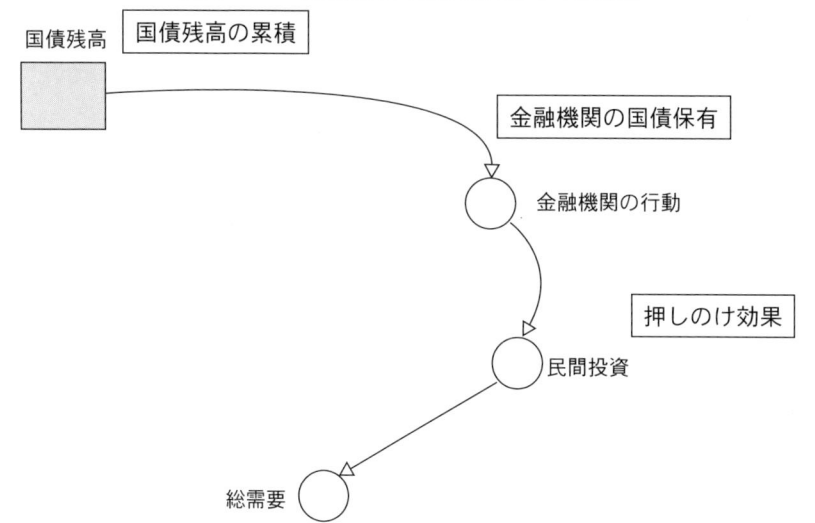

図表6-2　金融機関の国債保有と押しのけ効果

るのは事実である。そして，民間投資も減少傾向にあるのも事実である。**図表6－2**ではそうした関係を描いている。

ここでは金融機関が「**国債残高**」から「**金融機関の行動**」として国債を保有し，「**国債残高の累積**」が「**金融機関の国債保有**」につながっている。それは「**民間投資**」に流れるべき資金を押しのける形を取るため，「**総需要**」を減らすことになる。企業に投資意欲がある場合とない場合では「**押しのけ効果**」の意味合いが異なるが，結果として総需要を引き下げる方向に作用するのは同じである。

(2) 外需依存の構造とデフレ現象

日本経済は外需に依存した体質を長きにわたって持ち続けている。実際，2002年から2007年に至る景気拡大期も米国経済の好況を背景に輸出が拡大した。だが，その後，サブプライムローン問題そしてリーマン・ショックの影響を受け，米国を中心にした輸出の伸び悩みから景気停滞に陥っていった。

しかし，2009年から景気は再び回復過程に向かっている。これはブラジル，ロシア，インド，中国といった新興国が著しい成長を見せ，これらの国々に向けてわが国の輸出が拡大しているからである。過去と異なり，米国や欧州への輸出だけでなく，新興国への輸出が日本の景気を左右するようになっている。

図表6－3はこうした「**外需依存の構造**」を描いたものである。ここでは「**世界経済の動向**」がわが国の「**輸出**」を決定づけ，それが「**総需要**」に影響を及ぼす構図が示されている。もちろん，世界経済の動向として新興国などの経済情勢が主要な要因として取り上げられるが，そのほかに為替相場の変動も主要な要因として含めることができる。円安に動けばわが国の輸出は増大し，逆に円高に振れれば輸出は縮小するからである。

一方，わが国の経済はデフレにも悩まされ続けている。デフレはあらゆる領域に影響をもたらすが，なかでも個人の消費を停滞させる傾向が強い。将来に向けて物価水準が下がると予想されれば人々の購買意欲が薄れるからである。そのため，消費の低迷が総需要を抑える方向に進んでしまう。

第6章　世界経済危機「後」の日本経済

図表6－3　世界経済の動向と外需依存の構造

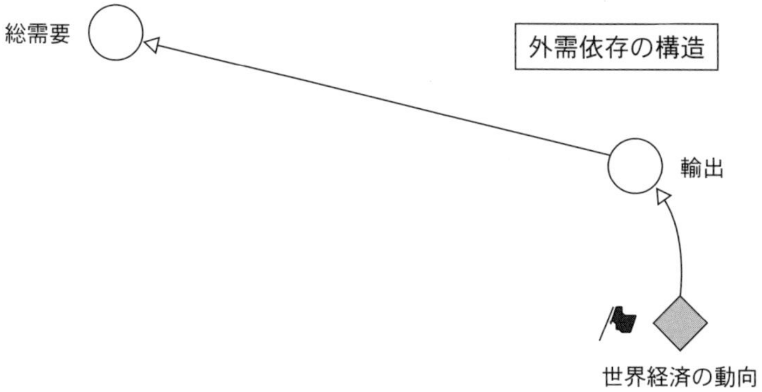

図表6－4はそうした「**デフレ現象**」と消費支出の関係を描いたものである。「**物価の変動**」は「**物価水準**」を決定づける。それは人々の「**消費支出**」の動きを左右し，「**総需要**」に影響を及ぼす。かつての日本のようにインフレが常態化していたならば物価水準の上昇が予想され，消費も拡大する傾向が強かったが，今日ではまったく逆の動きに転じている。

図表6－4　デフレ現象と消費支出の関係

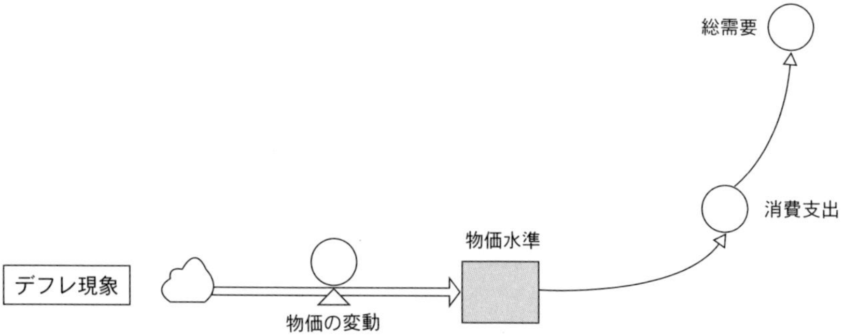

また，デフレ現象は個人の消費支出のほかに企業の民間投資にも影響を及ぼす。なぜなら，デフレ状況のもとでは企業は民間投資を抑制しようとするからである。そのことも総需要を抑える要因として指摘できる。しかし，このモデルではデフレの企業への影響は無視し，単に個人の消費だけにとどめている。

(3) 需給ギャップと所得水準の変動

こうして総需要は政府支出，民間投資，輸出，消費支出の4つの要因によって決定づけられ，それは総供給とのギャップから所得水準が変動していく。完全雇用所得水準に相当する総供給は技術革新や構造改革などによって拡大するが，ここでは一定と仮定している。そのため，総需要の大きさが所得水準を決定づけることになる。そうしたプロセスを描いたものが**図表6－5**である。

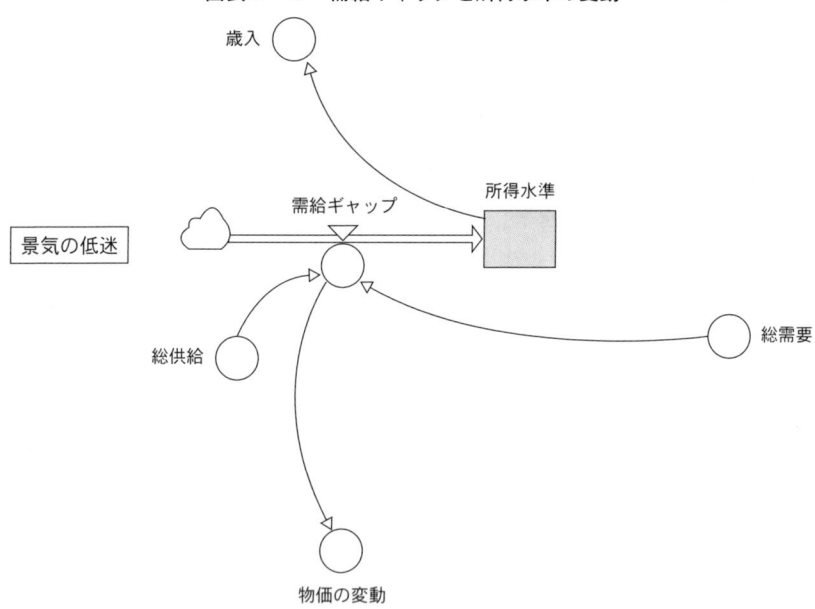

図表6－5　需給ギャップと所得水準の変動

ここでは「**総需要**」と「**総供給**」から「**需給ギャップ**」が発生し，その値がマイナスであれば「**所得水準**」の減少を通して調整が行われていく。今日のように需要不足の状態が続く状況下では当然ながら「**景気の低迷**」から所得水準は減り続けることになろう。そうした所得水準の変動は政府の「**歳入**」にも影響を及ぼす。所得水準が減少すれば歳入は減り，財政収支の赤字を拡大させることになる。

また，需給ギャップは所得水準だけではなく，「**物価の変動**」にも影響を及

第6章　世界経済危機「後」の日本経済

ぼす。つまり，需給ギャップがマイナスであれば物価の変動もマイナスの方向に向かう。もちろん，需給ギャップがプラスであれば物価の変動はプラスの方向に向かっていく。需給ギャップと物価の変動はともにパラレルな関係にある。

なお，通常のマクロ経済モデルならば所得水準は個人の消費にも影響を及ぼすが，ここでは単純化のため無視している。しかしながら，このモデルでは先ほどの**図表6－4**で説明したように物価の変動を通して消費に影響を及ぼしている。したがって，波及経路は異なるが，需給ギャップの変動が個人の消費に影響を及ぼさないわけではない。

第4節　伝統的経済政策の限界

(1)　政府支出と外需に依存した日本経済

いままで財政赤字を出発点としながら所得水準の決定に至るまでのプロセスを**図表6－1**～**図表6－5**を使って説明してきたが，それらをひとつの体系に

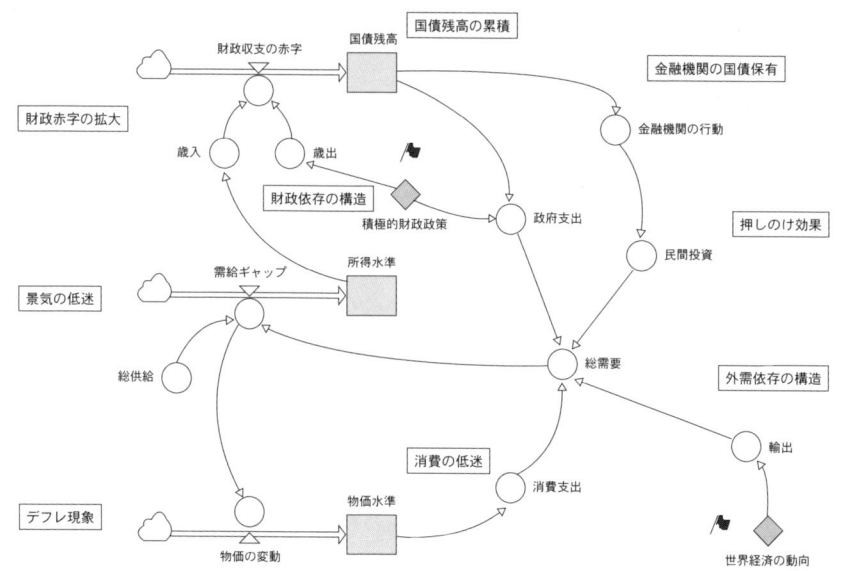

図表6－6　財政赤字とデフレに直面した日本経済の構造

まとめると**図表6－6**のようになる。これにより財政赤字とデフレに直面した日本経済の構造が明らかになろう。

それではわが国の経済がこうした困難な局面を打開していくにはどうすればよいだろうか。このモデルを用いながら分析してみることにしたい。

まず，日本経済は総需要不足に陥っているのだから伝統的な経済政策に従う限り，積極的財政政策に依存するしかない。政府支出を拡大し，総需要を高めるのである。そうすれば需給ギャップも埋まり，景気は確実に回復方向に向かっていく。

このモデルで表現すれば**左上の旗印**で記された「**積極的財政政策**」という変数を動かすことになる。それは政府支出を通して総需要の増大につながり，最終的に所得水準を高めることになる。実際，多くの人々は通常のマクロ経済学の教科書でそう習っている。

しかしながら，積極的財政政策が発動されると同時に新規国債も発行されるため，国債残高の累積が進む。それは景気対策以外の政府支出を縮小させるだけでなく，金融機関が国債の保有を増やすことから民間投資を押しのける効果が発生する。そうした景気を押し下げる逆の作用も含めて総合的に積極的財政政策の効果を確認する必要がある。

また，今日の日本経済にとって景気を左右する要因としてそのほかに外需の存在もあり，世界経済の動向が日本経済の動きを決定づけている。具体的には新興国などの成長や為替相場の動きによってわが国の景気が拡大したり，あるいは低迷したりする。したがって，**右下の旗印**で記された「**世界経済の動向**」もモデル分析を通じて注視しなければならない重要な要因になっている。

この場合，世界経済の動向を反映して外需増大が発生しても政府支出と異なり国債発行を伴わないので，景気刺激効果を相殺するような作用が働かない。それゆえ，景気に対する効果は外需増大のほうが積極的財政政策よりも大きいことがすぐに予想される。

同時に，2つの政策で大きな違いとしてコントロール可能性の問題があげられる。つまり，積極的財政政策は一国の政府によってコントロール可能な政策

手段であるのに対して,外需増大は政府によるコントロールが不可能である。したがって,外需増大を実現する具体的かつ即効的な手段はなく,残念ながら,神風のように突然吹荒れることで日本経済が急速に回復することを祈るしかない。

(2) モデル分析を通じた政策効果

このようにマクロ経済モデルで示されたフレームワークのなかでとらえると,景気を浮揚させる要因として積極的財政政策と外需増大があげられる。モデルで設定されたレベルやフローの変数や定数によって政策効果は大きく変化するが,ここでは**付録6－1**に収録された方程式に従って2つの政策が生み出す諸結果を紹介することにしたい。

図表6－7はそうしたモデルに基づきながら,積極的財政政策と外需増大の効果を4種類のケースに分けながら整理したものである。出発時点において所得水準,物価水準,国債残高をそれぞれ100と置き,次に100期目にそれぞれの変数がどのような数値になるかを見ることで,政策効果を比較している。

図表6－7　積極的財政政策と外需増大がマクロ経済に及ぼす影響

	所得水準	物価水準	国債残高
初　期　値	100	100	100

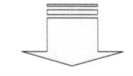

	外 的 要 因		100期目の数値		
	積極的財政政策	外需増大	所得水準	物価水準	国債残高
ケース1	0	0	96	98	202
ケース2	0	10	107	103	196
ケース3	10	0	75	88	1,206
ケース4	10	10	86	93	1,201

（注）単位：金額。

4種類のケースとは,次の通りである。

・ケース1	積極的財政政策…無	外需増大…無
・ケース2	積極的財政政策…無	外需増大…有
・ケース3	積極的財政政策…有	外需増大…無
・ケース4	積極的財政政策…有	外需増大…有

まず，積極的財政政策も外需増大もない「**ケース1**」から見ていこう。この場合の100期目の政策効果を見ると，所得水準は96，物価水準は98，国債残高は202である。初期段階において3つの変数ともそれぞれ100であったので，結局，景気もデフレも克服できず，国債残高だけが増えているのがわかる。そのため，景気を確実に回復させる必要性から積極的財政政策や外需増大が期待される。

そこで，積極的財政政策は実施されないが，世界経済の動向を反映して輸出が増大し外需が毎期10だけ加わる「**ケース2**」の結果を見てみよう。ここから100期目の各変数の数値を見ると，所得水準が107，物価水準が103となっている。所得水準も物価水準もともに初期段階の100を超えているので，景気の悪化もデフレも完全に克服していることになる。

一方，国債残高は196となり，最初の100よりも増えているので，国債の減額は達成されていない。だが，ケース1に比べれば国債残高は少ないので，ある程度，評価できよう。

次に「**ケース3**」はケース2とまったく対照的に外需増大はないが，積極的財政政策として毎期10だけの政府支出が加わっている。この場合の100期目の政策効果を見ると，所得水準が75，物価水準が88，国債残高が1,206である。所得水準も物価水準も初期段階の100より下落しているうえ，国債残高はかなりの金額まで膨れ上がっている。

伝統的な財政政策を実施しても国債残高だけが積み上がり，政府支出や民間投資を押しのけるため，最終的に景気浮揚もデフレも克服できず，国債だけを増やす不幸な結果を招いている。

しかも景気刺激策が何も打ち出されていないケース1よりも所得水準（75＜

第6章　世界経済危機「後」の日本経済

96）も物価水準（88＜98）も小さく，国債残高（1,206＞202）は増えている。これではまったく経済政策の意味がない。何も行わないほうがよかったことになる。

そうであるならば外需増大が加わったらどうなるであろうか。その効果を見たものが「**ケース4**」である。ここではケース3の積極的財政政策にケース2の外需増大が加わった場合の効果が示されている。つまり，政府支出も輸出も新たに毎期10ずつ増加した場合の100期目の効果が示されている。

それによると，所得水準が86，物価水準が93，国債残高が1,201である。所得水準（86＜96）も物価水準（93＜98）も景気刺激策が何も実施されないケース1よりも下回っているうえ，当然ながら初期段階の100よりも小さく，国債残高はかなりの金額まで膨れ上がっている。

ただ，積極的財政政策と外需増大が合わさったケース4のほうが積極的財政政策だけのケース3よりも所得水準（86＞75）も物価水準（93＞88）も大きくなっている。だが，その違いはほとんど変わらないといってよい。結局，外需増大が加わっても積極的財政政策から発生する国債残高の累積が景気の拡大や物価の上昇を抑え込むことがわかる。

(3)　厳しい局面に立たされた日本経済

このように積極的財政政策と外需増大の組合せから生じる4種類のケースを見てきたが，このうち最も好ましいのが外需だけが増大したケース2であろう。所得水準も物価水準も初期段階の100を超えているうえ，国債残高も4種類のなかで一番少ないからである。

それに対して最悪なのは積極的財政政策だけが実施されたケース3である。所得水準も物価水準も初期段階の数値を下回っているうえ，何も景気刺激策が打ち出されないケース1と比べても両変数とも小さい。

それではこのモデル分析から何が明らかにされたのであろうか。それは2つの点があげられる。ひとつは伝統的な財政政策をいくら実施しても景気を回復させるのは難しいという点である。累積する国債残高が時間の経過に伴って景

気を抑える方向へ作用するからである。

しかも，景気の悪化がさらに国債残高を累積させる負のスパイラルを展開させる。これでは本来の経済目標を達成できないどころか，将来世代の借金である国債残高だけを残す結果となる。

リーマン・ショック以降，日本ばかりでなく欧米の国々も景気対策として政府支出を拡大させ，大量の国債を発行している。だが，残念ながら景気の道筋をしっかりした軌道として描いていないのが現状である。

また，外需増大が好ましい結果を生み出していることもこのモデル分析から明らかにされたもうひとつの発見である。新興国などが成長し，為替相場も円安方向に動けば，日本の輸出は拡大し，景気を上向かせることができる。しかも何も経済対策を打ち出さなくても景気が浮揚するので政府にとっても最も好ましい経済環境といえる。

だが，それは他力本願の経済政策であり，外需増大はわが国にとってコントロール不可能な要因である。いくら外需を引き起こそうとしても一国の力ではどうしようもない。ただ，祈るしかないであろう。

こうして見ていくと，リーマン・ショック後の世界経済危機を乗り超えて景気を確実に押し上げるには，従来の伝統的経済政策ではかなり難しいことがわかる。ここでは財政政策しか触れていないが，もうひとつの有力な政策手段とみなされる金融政策もほぼ限界に近づいている。なぜなら，政策金利がゼロに近い水準にあるからだ。

したがって，過去に景気回復を達成するための大きな推進力となってきた財政金融政策はすでに有効な政策手段でなくなっている。だからといって外需増大を期待し，新興国などの成長や為替相場といった世界経済の動向に依存するのも限界がある。それゆえ，今日の日本経済はかなり厳しい局面に立たされていることが認識できる。

もちろん，何も政策手段を打たなければ日本経済は衰退し，国債残高の累積はさらに進んでいく。だが，それを回避するつもりで積極的財政政策を実施しても景気を回復させるどころか，さらに悪化させる恐れがある。

第6章　世界経済危機「後」の日本経済

まさに蟻地獄に落ちたような状態にあるのが今日のわが国経済である。もがいても底から這い上がるのが難しく，あがけばあがくほど国債という借金だけが増えていく構図である。このマクロ経済モデルではそうした日本経済の姿が描かれている。

第5節　世界経済危機を超えて

　日本経済はリーマン・ショック後も景気回復の足取りは重く，かつての勢いを取り戻すことはなく，相変わらず低迷状態が続いている。1990年代の不良債権問題から数えれば，まさに日本経済は「失われた20年」と呼べるかもしれない。

　それでは低迷する日本経済を救済する方法はないのであろうか。本章のモデル分析からわかるように総需要をコントロールする伝統的経済政策はすでに限界に達している。特に積極的財政政策は国債残高を積み増しするだけで，有効な政策手段になっていない。

　そうすると，日本経済が失われた20年から脱却するには総需要の管理に目を向けるのではなく，もうひとつの側面である総供給に注目せざるを得ないことがわかる。具体的には構造改革であり，従来の枠組みを根本から変えるとともに人々のニーズに応じた経済構造を見つけ出していくのである。

　そのためには日本経済のあらゆる側面からの改革が必要であり，具体的な提言はかなり難しい。解答を見つけ出すには経済面だけでなく，政治の問題も含めた大改革が必要なように思われる。

　総需要から総供給を重視する経済政策への転換はいままで幾度となく叫ばれてきたが，今日，グローバル化が急速に進むなかで日本経済はますますその動きを確実なものにしていかなければならない状況に追い込まれている。

　もちろん，こうしたことはすでに理解していると思われる。だが，頭のなかでわかっていてもそれが実行できないところに，わが国経済のもどかしさがある。ただ,確実にいえることは構造改革が難しいからといって，景気回復の手っ

取り早い安易な手段として従来型の積極的財政政策に頼ってはいけないということであろう。そのことは十分に認識しておかなければならない。

付録6－1　財政赤字とデフレに直面した日本経済の構造

名　前	単　位	定　義
□　所得水準	JPY	100〈〈JPY〉〉
□　物価水準	JPY	100〈〈JPY〉〉
□　国債残高	JPY	100〈〈JPY〉〉
⇨　需給ギャップ	JPY/PERIOD	（総需要－総供給）＊0.01
⇨　財政収支の赤字	JPY/PERIOD	歳出－歳入
⇨　物価の変動	JPY/PERIOD	需給ギャップ＊0.5
○　総 需 要	JPY/PERIOD	消費支出＋民間投資＋政府支出＋輸出
○　総 供 給	JPY/PERIOD	100〈〈JPY/PERIOD〉〉
○　消費支出	JPY/PERIOD	50〈〈JPY/PERIOD〉〉＋物価水準/TIMESTEP＊0.25
○　民間投資	JPY/PERIOD	金融機関の行動
○　歳　　入	JPY/PERIOD	8〈〈JPY/PERIOD〉〉＋所得水準/TIMESTEP＊0.01
○　歳　　出	JPY/PERIOD	10〈〈JPY/PERIOD〉〉＋積極的財政政策
○　政府支出	JPY/PERIOD	10〈〈JPY/PERIOD〉〉－国債残高/TIMESTEP＊0.01＋積極的財政政策
○　金融機関の行動	JPY/PERIOD	10〈〈JPY/PERIOD期〉〉－国債残高/TIMESTEP＊0.05
○　輸　　出	JPY/PERIOD	10〈〈JPY/PERIOD〉〉＋世界経済の動向
◆　積極的財政政策	JPY/PERIOD	0〈〈JPY/PERIOD〉〉or10〈〈JPY/PERIOD〉〉
◆　世界経済の動向	JPY/PERIOD	0〈〈JPY/PERIOD〉〉or10〈〈JPY/PERIOD〉〉

巻末付録

システムダイナミックス・モデルの簡単な解説

巻末付録　システムダイナミックス・モデルの簡単な解説

本書ではシステムダイナミックス・モデルのソフトである Powersim Studio 8 を用いて世界経済危機下における金融機関ならびに機関投資家の資産運用行動を説明している。このソフトの特徴はレベルとフローを組合せながら，対象となる現象を図と数値から簡単に説明できることにある。

モデルでは四角形の記号が「**レベル**」を表している。ソフトではこの記号をレベルと呼んでいるが，通常の経済用語でいうストックとまったく同じである。それに対して「**フロー**」は太い矢印に円形の図を加えた記号で表している。図では見えないが，フローの円形にはパイプのなかを流れる量を決定する数式が組み込まれている。雲マークはフローの出発点あるいは終点を意味している。

わかりやすい例として「バスタブの水量」を取り上げながら，このソフトの利用方法を理解することにしよう。ここではバスタブに水が流入し，一定の水位を保つように調節しながら水を流していく様子を表している。そうした「バスタブの水量と水の流出入」の関係を描いたものが**巻末・図表**1である。

バスタブに向かって水が流れているので，図で示した「**流入**」がフローであり，「**バスタブの水量**」がレベルに相当する。そして，「**水位調節**」が行われて水がフローとして「**流出**」している。

このプロセスの中身をさらに詳細に知るため，モデルの方程式を表したものが**巻末・図表**2である。これを見ると，バスタブは初期時点においてゼロであり，毎期10リットルだけバスタブに流れ，そして溜まっていく。その一方で，バスタブに溜まったレベルの水量に対して0.3を掛けた量だけ毎期，バスタブから流出していることがわかる。

こうしてシステムダイナミックス・モデルのソフトを利用することで，複雑な現象も極めて単純な図と方程式から表現できることになる。

巻末・図表1　バスタブの水量と水の流出入

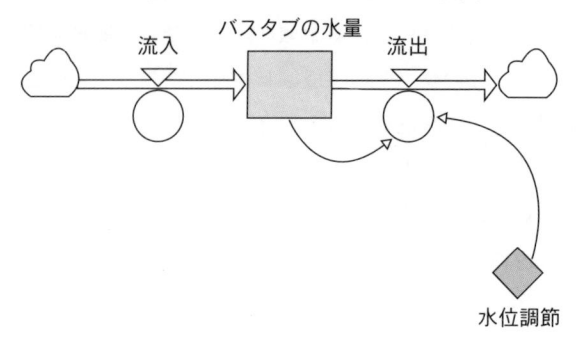

巻末・図表2　方程式による説明

名　　前	単位	定　　義
□　バスタブの水量	l	0⟨⟨l⟩⟩
⇨　流　入	l/PERIOD	10⟨(l/PERIOD)⟩
⇨　流　出	l/PERIOD	バスタブの水量/TIMESTEP＊水位調節
◆　水位調節		0.3

参 考 文 献

（邦　文）

・アンダーソン，B. & ジョンソン，R.『システム・シンキング』日本能率協会マネジメント　2004年
・井潟正彦・片山英治「インハウス運用と運用子会社」『知的資産創造』（野村総合研究所）2000年10月
・宇野健司・内藤武史「リーマンショック後の大学の財務――求められる資産運用体制の再構築」『金融ビジネス』（東洋経済新報社）2009年秋号
・片山英治・神山哲也「米国の大学における資産運用の実態について」『資本市場クォータリー』（野村資本市場研究所）2001年春
・片山英治「米国の大学にみる資産運用」『知的資産創造』（野村総合研究所）2001年3月
・キム，D. & アンダーソン，B.『システム・シンキング　トレーニングブック』日本能率協会マネジメント　2002年
・金融円滑化研究会編『金融円滑化対応のポイント』金融財政事情研究会　2010年2月
・金融庁「中小企業者等に対する金融の円滑化を図るための臨時措置に関する法律案」（2009年10月30日提出，2009年11月30日成立）
・金融庁「改正金融機能強化法及び関係政令・内閣府令・監督指針の改正について」アクセスＦＳＡ73号　2008年12月
・金融庁「地域銀行3行に対する国の資本参加の決定について」アクセスＦＳＡ76号　2009年4月
・金融ビジネス編集部「大学特集　私立大の7割に含み損　100私立大財務ランキング」『金融ビジネス』（東洋経済新報社）2009年秋号
・小藤康夫『生保危機の本質』東洋経済新報社　2001年6月
・小藤康夫『中小企業金融の新展開』税務経理協会　2009年1月

・小藤康夫『大学経営の本質と財務分析』八千代出版　2009年10月
・小藤康夫『決算から見た生保業界の変貌』税務経理協会　2009年11月
・小藤康夫「わが国における生命保険業の組織構造と危険負担――Yanase, Asai and Lai（2008）論文をめぐって」『専修ビジネス・レビュー』2010年 Vol.5 No.1
・櫻川昌哉・星岳雄「問題多い中小企業金融円滑化法案」『日本経済新聞』2009年11月13日（朝刊）
・週刊ダイヤモンド編集部「大学　総力ワイド特集」『週刊ダイヤモンド』2009年10月31日号
・土金達男『シミュレーションによるシステムダイナミックス入門』東京電機大学出版局　2005年11月
・東洋経済新報社データベース営業部「私立大学財政データ　2009年版」東洋経済新報社　2009年2月
・日本経済新聞社編『大収縮　検証・グローバル危機』2009年10月
・根本直子『残る銀行　沈む銀行』東洋経済新報社　2010年3月
・バーシティウエーブ「複雑な数学を使わない高度な動態分析――経済学の例」『STELLA　活用のための手引』（株）バーシティウエーブ　1997年5月　pp.49-67
・松本憲洋『簡易マニュアル Powersim Studio』Posy　2010年3月
・森田道也編著『経営システムのモデリング学習』牧野書店　1997年9月
・森田道也『サプライチェーンの原理と経営』新世社　2004年6月
・リッチモンド，B.M.『システム思考　入門Ⅰ』バーシティウェーブ　2004年8月

（英　文）

・Advisory Committee on Endowment Management, *Managing Educational Endowments,* Ford Foundation, 1969
・David F. Swensen, *Pioneering Portfolio Management,* Free Press, 2000

参考文献

- Lai, G. C. and P. Limpaphayom, "Organizational Structure and Performance: Evidence from the Nonlife Insurance Industry in Japan," *Journal of Risk & Insurance,* Vol. 70 No. 4 2003
- Lamm-Tennant, J. and L. T. Starks, "Stock Versus Mutual Ownership Structures: The Risk Implications," *Journal of Business,* Vol. 66 No. 1 1993
- Mayers, D., and C. W. Smith, "Contractual Provisions, Organizational Structure and Conflict Control in Insurance Markets," *Journal of Business,* Vol. 54 No. 3 1981
- Mayers, D., and C. W. Smith, "Ownership Structure and Control: The Mutualization of Stock Life Insurance Companies," *Journal of Financial Economics,* Vol. 16 No. 1 1986
- Scarfe, Brian L., *Cycle, Growth, and Inflation: A Survey of Contemporary Macrodynamics,* New York: McGraw-Hill Inc. 1977
- Sterman, J. D. *Business Dynamics,* Irwin MacGraw-Hill 2000
- Yanase, N., Y. Asai. and G. C. Lai, "Organizational Structure and Risk Taking: Evidence from the Life Insurance Industry in Japan," 2008 unpublished paper

索　引

【A－Z】

AIG ································· 7, 95
CDO ································· 4
CDS ································· 7, 123
ECB ································· 123
EU ·································· 123
HSBC ································ 8
IMF ································· 123
M&A ································· 79, 89, 95
NTT ································· 95
PIIGS ······························· 123
RMBS ································ 4
ROE ································· 86
S&P ································· 124
UBS ································· 8

【あ】

愛知大学 ···························· 101
青山学院大学 ························ 101

【い】

インタレスト・オンリー・ローン ······· 3

【う】

ウェルズ・ファーゴ ··················· 7
運用資金 ························· 90, 105
運用収益 ···························· 104
運用利回り ··················· 90, 101, 105

【お】

欧州中央銀行 ························ 123
欧州連合 ···························· 123
大阪産業大学 ························ 101
押しのけ効果 ··················· 131, 132
オプションARM ······················ 3

【か】

外需 ······························· 18, 129
外需依存の構造 ······················ 132
外的ショック ··············· 61, 67, 90, 105
価格変動リスク ······················· 82
格付会社 ··························· 4, 23
家計 ································· 66
貸し渋り・貸し剥がし現象 ············ 29
貸し渋り・貸し剥がし対策 ············ 36
貸し渋り・貸し剥がし問題 ········· 55, 70
貸倒リスク ··························· 59
貸出残高 ···························· 35
貸出態度 ···························· 37
合併政策 ···························· 42
神奈川歯科大学 ······················ 101
株式投資信託 ························ 82
株式の相互持合い ···················· 10
株主総会 ···························· 80
株主配当 ···························· 91
亀井静香 ···························· 55
為替変動リスク ······················· 82
監視（モニタリング） ················ 21
監視機能 ···························· 59
間接金融 ···························· 22
完全雇用所得水準 ··················· 134

【き】

企業 ································· 66
帰属収入 ···························· 104
基礎利益 ···························· 84
寄付基金 ···························· 108
寄付金 ······························ 109
基本金 ······························ 105
基本金繰入 ·························· 105
木村剛 ······························· 70

逆ざや………………………………94
逆資産効果………………………9, 15
逆選択……………………………58
紀陽ホールディングス………………31
ギリシャの経済危機 ……………123
銀行融資…………………………14, 18
金融円滑化法……………………56
金融機関…………………………36
金融機関の貸出残高………………61
金融機関の対応……………………62
金融機関の破綻……………………64
金融機能強化法…………………30, 32
金融行政の指導……………………38
金融検査マニュアル………………58
金融政策…………………………140
金融の証券化………………………3
金融不安…………………………67

【く】

クラウディング・アウト効果………126
クレジット・デフォルト・スワップ
　………………………………7, 123
クレディスイス……………………8

【け】

慶應義塾大学……………………101
景気変動…………………………36
景気変動のモデル…………………12
経常利益…………………………84
契約者配当………………………91
限界消費性向……………………13, 19, 66

【こ】

合成債務担保証券…………………4
構造改革…………………………141
公的資金…………………………42
公的資金注入……………………30
公的資金の決定……………………38
高リスクの貸出市場………………60

ゴールドマン・サックス……………7
国債残高…………………………130
国際通貨基金……………………123
国債利回り………………………101
国民所得…………………………13
駒澤大学…………………………101

【さ】

在庫………………………………13
歳出………………………………130
財政依存の構造…………………131
財政収支の赤字…………………130
財政政策の非有効性……………129
財政政策の有効性………………129
財政の硬直化現象………………127
歳入………………………………130
財務力……………………………67
札幌北洋ホールディングス…………31
サブプライムローン…………………3
三利源……………………………90

【し】

ＪＰモルガン・チェース……………6, 7
仕組み債…………………………82
自己資本…………………………35, 61
自己資本比率……………………30, 37
死差益……………………………91
資産価値…………………………14
資産効果…………………………5, 14
市場型間接金融…………………22
システムダイナミックス・モデル
　………………11, 34, 59, 89, 104, 129, 145
実質純資産………………………84
シティグループ……………………7
収支差額…………………………104
住宅投資…………………………14
住宅バブル………………………4
収入なしローン……………………21
授業料等納付金…………………104

上智大学 …………………………………101
消費 ……………………………………13, 14, 18
消費支出 ………………………………104, 133
消費収支計算書 …………………………102
消費収支差額 ……………………………102
情報の非対称性問題 ………………………23
所得 ………………………………………66
書類なしローン ……………………………21
新銀行東京 ………………………………70
新金融機能強化法 …………………………30
新契約高 …………………………………90
審査(スクリーニング) ……………………21
審査機能 …………………………………59
信用保証制度 ……………………………59
信用リスクの分散化 ………………………23

【す】

スタンダード・アンド・プアーズ ……124
ステートストリート ………………………7

【せ】

政策のラグ ………………………………39
成長率 ……………………………………90
政府支出 …………………………………130
生保危機 …………………………………77
生命保険契約者保護機構 …………………84
世界経済の動向 …………………………136
責任準備金削減率 …………………………84
積極的財政政策 ……………………128, 131, 136

【そ】

総供給 ……………………………………13
相互会社 …………………………………78
相互扶助 …………………………………96
総需要 ……………………………13, 15, 132, 133
総代会 ……………………………………80
ソブリン・リスク ………………………124
ソルベンシーマージン(SM)比率 ………84

【た】

第一生命 …………………………………94
大正生命 …………………………………78
大同生命 …………………………………94
太陽生命 …………………………………94

【ち】

直接金融 …………………………………22
直接指導 …………………………………42
直接利回り ………………………………101
貯蓄 ………………………………………66

【て】

定性分析 …………………………………29
ディドロ効果 ……………………………5
低リスクの貸出市場 ………………………60
デクシア …………………………………8
デフレ ……………………………………132
デフレ現象 ………………………………133
デリバティブ ……………………………82

【と】

当期純利益 ………………………………84
東京生命 …………………………………77
投資 ………………………………………66
同志社大学 ………………………………101
土地神話 …………………………………5
努力義務 …………………………………57

【な】

内部留保 …………………………………90
南山大学 …………………………………101

【に】

日経平均株価 ………………………………9
日産生命 …………………………………77
日本振興銀行 ……………………………70
日本のマクロ経済モデル …………………19

ニューヨークダウ平均株価……………9
NINJA(ニンジャ)ローン ……………3

【の】

ノーザンロック……………………………8
ノンバンク…………………………………3

【は】

バークレイズ………………………………8
ハーバード大学…………………………112
ハイイールド債…………………………111
鳩山由紀夫………………………………55
バブル発生…………………………………14
バブル崩壊…………………………………15
バンク・オブ・アメリカ ………………7
バンク・オブ・ニューヨーク・メロン …7

【ひ】

ＢＮＰパリバ ……………………………8
費差益………………………………………91
非正規雇用者……………………………11
100年に１度の経済危機 …………………9

【ふ】

ファニーメイ………………………………6
フォルティス………………………………8
福邦銀行……………………………………31
含み益………………………………………82
含み損………………………………………82
物価水準…………………………………133
不動産投資信託……………………………82
不動産ローン担保証券 ……………………4
プライベート・エクイティ ……………111
不良債権……………………………………8
プルデンシャル……………………………95
フレディマック……………………………6
フロー…………………………………12, 145

【へ】

ベアー・スターンズ………………………6
ペイアウト・ルール ……………………108
米国のマクロ経済モデル…………………16
平成の徳政令………………………………55
変動金利型ローン・オプション付き……3

【ほ】

法政大学…………………………………101
豊和銀行……………………………………31
ホーム・エクイティ・ローン ……………4
北洋銀行……………………………………31
細川護熙……………………………………55
保有契約高…………………………………90

【ま】

マクロ経済の基本モデル…………………11

【み】

三井生命……………………………………94
南日本銀行…………………………………31
ミューチュアル・ファンド ……………111
民間投資…………………………………18, 132

【め】

メットライフ………………………………95
メリルリンチ………………………………7

【も】

モラトリアム法案…………………………55
モラルハザード……………………………58
モルガン・スタンレー……………………7
漏れ……………………………………66, 67

【や】

大和生命………………………………10, 77

索　引

【ゆ】

有価証券残高……………………………35
有限責任制………………………………80
優先株……………………………………31
輸出…………………………………18, 132

【よ】

預金保険法………………………………32
予定利率…………………………………77

【り】

リーマン・ショック ………55, 77, 101, 123
リーマン・ブラザーズ……………………7
利差益……………………………………90
利払い費………………………………127

【れ】

レベル………………………………12, 145
連邦住宅貸付抵当公社……………………6
連邦住宅抵当公社…………………………6

【ろ】

ロイズ………………………………………8

著者紹介

小藤　康夫（こふじ・やすお）

略　歴
1953年10月　東京に生まれる。
1981年3月　一橋大学大学院商学研究科博士課程修了
現　在　専修大学商学部教授　商学博士（一橋大学）

主な著書
『マクロ経済と財政金融政策』白桃書房　1989年
『生命保険の発展と金融』白桃書房　1991年
『生保金融と配当政策』白桃書房　1997年
『生保の財務力と危機対応制度』白桃書房　1999年
『生命保険が危ない』世界書院　2000年
『日本の銀行行動』八千代出版　2001年
『生保危機の本質』東洋経済新報社　2001年
『生保危機を超えて』白桃書房　2003年
『金融行政の大転換』八千代出版　2005年
『金融コングロマリット化と地域金融機関』八千代出版　2006年
『中小企業金融の新展開』税務経理協会　2009年
『大学経営の本質と財務分析』八千代出版　2009年
『決算から見た生保業界の変貌』税務経理協会　2009年
『世界経済危機下の資産運用運用行動』税務経理協会　2011年
『米国に学ぶ私立大学の経営システムと資産運用』八千代出版　2013年
『生保金融の長期分析』八千代出版　2014年
『日本の保険市場』八千代出版　2016年
『生保会社の経営課題』税務経理協会　2018年
『日本の金融システム』創成社　2019年
『大学経営の構造と作用』専修大学出版局　2019年
Management Issues of Life Insurance Companies Oriental Life Insurance Cultural Development Center 2020年
『私立大学の会計情報を読む』創成社　2021年

著者との契約により検印省略

平成23年3月1日	初版発行
平成27年10月1日	初版第2刷発行
平成30年9月1日	初版第3刷発行
令和4年9月15日	初版第4刷発行

世界経済危機下の資産運用行動

著　者	小　藤　康　夫
発行者	大　坪　克　行
印刷所	光栄印刷株式会社
製本所	牧製本印刷株式会社

発 行 所　東京都新宿区下落合2丁目5番13号　株式会社　税務経理協会

郵便番号 161-0033　振替 00190-2-187408　電話(03)3953-3301(編集部)
FAX(03)3565-3391　　　　　　　　　(03)3953-3325(営業部)
URL http://www.zeikei.co.jp/
乱丁・落丁の場合はお取替えいたします。

Ⓒ 小藤康夫 2011　　　　　　　　　　　　　　Printed in Japan

本書の無断複製は著作権法上での例外を除き禁じられています。複製される場合は，そのつど事前に，出版者著作権管理機構（電話 03-5244-5088，FAX 03-5244-5089, e-mail : info@jcopy.or.jp）の許諾を得てください。

JCOPY ＜出版者著作権管理機構 委託出版物＞

ISBN978-4-419-05609-4　C3033